EXTRAIT
DE LA SENTENCE
DU CHASTELET DE PARIS

Du troisiéme Avril 1686.

Par laquelle entre autres choses François Remond Ecuyer sieur de Breviande l'un des Interessez au Bail general des Fermes-Unies sous le nom de Maistre Jean Fauconnet est déchargé de l'accusation formée contre luy par ledit Fauconnet, avec dépens, dommages & interests, tels que de raison.

Ensemble l'Extrait de l'Arrest de la Cour des Aides du 3. Septembre audit an sur l'appellation de Fauconnet, par lequel ladite Sentence est confirmée, & ledit Fauconnet & ses Cautions sont condamnez en l'amende, & en tous les dépens dudit sieur Remond, & encore en ses dommages & interests liquidez, à la somme de trois mille livres.

TOUS ceux qui ces presentes Lettres verront, Charles-Denis de Bullion, Chevalier-Marquis de Gallardon, Seigneur de Bonnelles, Buillion, Esclimont, Montloüet & autres lieux, Conseiller du Roy en ses Conseils, Prevost de la Ville, Prevosté & Vicomté de Paris, Salut. Sçavoir faisons, QUE VEU le procés meu & pendant en jugement devant Nous au Chastelet de Paris, ENTRE Maistre Jean Fauconnet Fermier general des Fermes-Unies du Roy, demandeur & complaignant, le Procureur du Roy joint d'une-part. Jean-Charles Gruslé l'un des quatre Commis Caissiers desdites Fermes, Marie-Marguerite de la Cour femme dudit Jean-Charles Gruslé, Simon Gruslé Banquier à Paris, Maistre Jean Cherouvrier sieur Desgrassieres, Maistre Denis Lequin, Conseiller du Roy Notaire au Chastelet, Lambert Clerx Ecuyer Conseiller-Secretaire du Roy, cy-devant Banquier à Paris, Maistre Jean Palerne Commis general desdites Fermes-Unies, François

Noms des accusez.

A

Remond Ecuyer ſieur de Breviande l'un des Intereſſez auſdite[s]
Fermes, Daniel Bartet Commis au Bureau deſdites Fermes, &
Claude Noiſet Agent de Change & Banque à Paris, tous défen[-]
deurs & accuſez d'autre-part ; Et encore entre Nicolas Matign[y]
Bourgeois de Paris creancier dudit Jean-Charles Gruſlé, interve[-]
nant & demandeur, ſuivant ſa Requeſte verbale ſignifiée pa[r]
Deville Audiancier le troiſiéme Septembre dernier d'une-part,
Ledit Fauconnet défendeur d'autre ; Et encore entre Eſtienne Mon[-]
ginot ſieur de la Salle, Jacques Pinſon ancien Conſeiller-Secretaire
du Roy, Pierre Aymejean & leurs conſors Syndics des creanciers
dudit Cherouvrier intervenans & demandeurs aux fins de la Re[-]
queſte par eux preſentée le vingt-deuxiéme Octobre dernier, &
exploit fait en vertu d'icelle le vingt-quatriéme dudit mois d'une-
part. Leſdits Fauconnet & Cherouvrier défendeurs d'autre : Veu
auſſi la declaration, plainte & requiſitoire fait au Commiſſaire
Huot l'aiſné le 31. Juillet 1685. par Maiſtre Jean Palerne en ſon Bu[-]
reau en l'Hoſtel des Fermes ruë Bethiſy en la preſence de Maiſtre
Jean Fauconnet, Fermier general deſdites Fermes, qui auroit di[t]
que Jean-Charles Gruſlé l'un des Caiſſiers & dont l'employ eſt
particulierement de recevoir les Lettres de Change s'eſt abſenté
de ſon Bureau de Samedy dernier ; & qu'ayant eſté le lendemain
Dimanche chez luy pour en ſçavoir la cauſe, il luy auroit eſté ré[-]
pondu par ſa femme qu'il s'eſtoit retiré, mais que l'on luy en[-]
voyeroit les clefs de ſon Bureau ; & en effet ledit jour de Diman[-]
che matin un Religieux ſeroit venu dans le Bureau dudit Palern[e]
avec un paquet cacheté à luy adreſſant qu'il auroit dit avoir ordr[e]
de luy rendre ; & comme ledit Palerne auroit reconnu que l'écri[-]
ture contenant la ſuſcription qui eſtoit ſur ledit paquet eſtoit d[e]
la main dudit Gruſlé & que le maniant, il auroit ſenty au tra[-]
vers le papier qu'il y avoit des clefs dedans, n'auroit voulu le re[-]
cevoir, & auroit dit audit Religieux de le rendre audit Gruſlé o[u]
de le porter à ſa femme, ledit Religieux s'en ſeroit allé avec ledi[t]
paquet, & la femme dudit Gruſlé ſeroit venuë quelque temps apr[és]
accompagnée du ſieur Gruſlé Banquier ſon frere, & du ſieur Cler[c]
auſſi Banquier, ledit Gruſlé frere tenant en main ledit paquet qu[']
auroit decacheté, dans lequel ſe ſeroit trouvé les clefs du Burea[u]
dudit Gruſlé, avec une lettre pour ledit Palerne, & qu'il a d[û]
eſtre écrite de la main dudit Gruſlé, datée au bas d'icelle du 2[8]
Juillet 1685. & ſa femme luy auroit mis és mains une feüille de pa[-]
pier qu'elle luy a dit luy avoir eſté laiſſée par ſon mary, & que l[e]
dit Palerne reconnoiſt eſtre écrite de la main dudit Gruſlé, qui e[ſt]
un memoire de ce qu'il pretend luy eſtre dû, ladite feüille de pa[-]
pier entierement écrite ſur le recto & verſo du premier feüillet, [&]
deux lignes & deux mots ſur le recto du ſecond feüillet, comm[e]

çant par ces mots (*Il m'eſt dû par Monſieur Deſgraſſieres*) y ayant un mot de rayé en la douziéme ligne du feüillet recto qui paroiſt eſtre le mot de *lettres* en abregé, le dernier mot de la neuviéme ligne du verſo dudit feüillet rayé qui eſtoit le mot de *par*, le dernier mot de la unziéme ligne auſſi rayé qui eſtoit, *j'avois*, les deux derniers mots de la vingt-troiſiéme ligne, & ce qui eſt écrit ſur la vingt-quatriéme ligne juſques aux mots, *ce qu'elle ne* & la fin de ladite vingt-quatriéme ligne rayez, de maniere que l'on n'y peut rien connoiſtre, leſquelles lettre & memoire ledit Palerne a mis és mains dudit Commiſſaire pour ſervir audit Fauconnet ce que de raiſon, aprés qu'ils ont eſté de luy & dudit Commiſſaire paraphez, *ne varietur*; & ayant fait entendre à ladite femme que ſon mary avoit eu tort de ſe retirer comme il avoit fait l'auroit ſollicitée de le faire revenir, & que ſon affaire s'accommoderoit en donnant les lumieres neceſſaires pour le recouvrement des effets dont elle luy avoit baillé le memoire, & qu'il n'y avoit que luy qui puſt l'éclaircir. Ladite femme luy auroit dit qu'elle ne ſçavoit où il eſtoit, mais que ſi elle pouvoit en apprendre des nouvelles elle luy feroit ſçavoir; de quoy ledit Palerne auroit à l'inſtant donné avis audit Fauconnet, & parce qu'il a eſté délivré audit Gruſlé par ledit Palerne nombre de Lettres de Change, Billets & Reſcriptions pour en faire la recepte ſuivant l'employ auquel ledit Gruſlé avoit eſté prépoſé par ledit Fauconnet le requeroit. Il a cru d'abondant luy en devoir donner avis à ce qu'il ait à le faire ſçavoir comme ledit Palerne l'a déja fait tant auſdits ſieurs Intereſſez en ladite Ferme qu'aux cautions dudit Gruſlé, luy declarant que le dernier Juin dernier ledit Gruſlé luy a paſſé recepiſſé pour ſoulde de compte de 1736328 livres 16 ſols 6. deniers, & que depuis ce temps juſques & compris le vingt ſeptiéme du preſent mois il a de ſes recepiſſez pour la ſomme de 979308 livres 7 ſols 4 deniers, faiſant avec la precedente ſomme 2715637 livres 3 ſols 10 deniers le tout compris en cent ſoixante-ſept recepiſſez dudit Gruſlé qu'il a repreſenté en la preſence dudit Commiſſaire audit Fauconnet, ſurquoy ledit Palerne reconnoiſt luy avoir donné pluſieurs décharges ſuivant les recepiſſez que ledit Gruſlé en doit avoir, mais qui ne montent pas à la valeur deſdits recepiſſez qui excedent de 632209 livres 14 ſols, declarant auſſi qu'il avoit tiré ſur ledit Gruſlé un billet de 11504 livres à tenir compte au ſieur de Lallun Treſorier des Gardes du Corps pour une aſſignation qu'il avoit à prendre ſur les Fermes-Unies, & qu'au lieu par luy d'acquiter ledit billet il a eſté ſurpris que ledit ſieur de Lallun eſt venu le jour d'hier luy demander le payement d'iceluy en trois billets faits par ledit Gruſlé l'un de 3504 livres & les deux autres de 4000 livres chacun, de laquelle declaration il a requis acte, à ce que ledit Fauconnet ait à donner les ordres neceſſaires

Plainte de Fauconnet contre Gruflé complices & adherans.

Proteftations contre les Cautions complices & adherans de Gruflé. 7. Aouft 1685. * Information & decret contre Gruflé & fon frere.

pour la confervation de fes interefts, Et à l'inftant ledit Fauconn[et]
auroit fait plainte aux rifques, perils & fortunes de qui il appartie[n]
dra contre ledit Gruflé de fon abfence & faillite, complices & a[d]
herans, & requis que de ce que deffus *ledit Commiffaire ait à inf[or]
mer, mefme d'appofer fcellé* fur la porte du Bureau dudit Gruflé
dans fa maifon, & que ledit Commiffaire euft à prendre la d[é]
claration dudit fieur de Lallun qui eftoit dans ledit Bureau, & q[ui]
eftoit venu pour demander le payement des billets dudit Gruflé
pour fçavoir de quelle maniere ledit Gruflé luy a donné lefdits tro[is]
billets, requerant que les recepiffez d'iceluy Gruflé reprefentez p[ar]
ledit Palerne foient dudit Commiffaire paraphez, & enfuite à lu[y]
rendus pour les reprefenter toutefois & quantes que requis en fe[ra]
aux proteftations qu'il fait de fe pourvoir contre les Cautions d[u]
dit Gruflé, fes complices & adherans ainfi qu'il avifera bon eftr[e]
Information * faite en confequence par ledit Commiffaire Hu[ot]
l'aifné, enfuite de laquelle eft le decret de prife de corps par no[us]
decerné contre ledit Gruflé, & ajournement perfonnel contre [le]
nommé Gruflé fon frere le 7. Aouft 1685. Continuation d'info[r]
mation faite par ledit Commiffaire à la requefte dudit Fauconne[t]
à l'encontre dudit Gruflé, fa femme & Lequin Notaire le 6. Aou[ft]
audit an, au bas de laquelle eft le decret d'affigné pour eftre oü[i]
par nous decerné contre ledit Lequin ledit jour 7. Aouft. Aut[re]
plainte à nous renduë par ledit Fauconnet de ce que ledit Gru[flé]
cy-devant Caiffier au Bureau de ladite Ferme, s'eftant évadé & f[ait]
banqueroute audit Fauconnet de fommes confiderables, il aur[oit]
en vertu de noftre Ordonnance fait informer de fon abfence, [&]
enfuite fait appofer fcellé tant fur fon Bureau que fur les biens [&]
effets qui fe font trouvez en la maifon dudit Gruflé; mais le[dit]
Fauconnet ayant appris que depuis la banqueroute dudit Gruf[lé]
Marie de la Cour fa femme a efté plufieurs fois audit Bureau a[u]
paravant ladite appofition de fcellé avec quelques particuliers [&]
elle auroit pris & emporté plufieurs effets, tant en deniers com[p]
tans qu'en Lettres de Change, qui faifoient partie de ceux q[ui]
avoit laiffez en iceluy, ce qui marque qu'elle eft complice au[ffi]
bien que ledit Gruflé de la banqueroute frauduleufe. Requer[ant]
acte de ce qu'il s'agit d'un vol domeftique luy permettre à fes [rif]
ques perils & fortunes de faire arrefter ladite femme Gruflé, [&]
conftituer prifonnier icelle, au bas eft copie de noftre Ordonna[n]
ce, portant permis d'informer fait le 7. Aouft 1685. enfuite eft l'[in]
formation faite par le Commiffaire Huot l'aifné le treiziéme du[dit]
mois d'Aouft, enfuite eft noftre Ordonnance, portant ladite [in]
formation jointe & les témoins recolez & confrontez datée du [
Septembre 1685. Addition d'information faite à la requefte du[dit]
Fauconnet en vertu de noftre Ordonnance du 5. Octobre 1685;

bas de laquelle est nostre Ordonnance portant les informations jointes, les témoins & accusez recollez & confrontez, & les accusez les uns aux autres datée du 10. Novembre 1685. Cinq interrogatoires subis pardevant Nous par ledit Jean-Charles Gruslé les 22. 23. 26. 27. Novembre 1685. & 17. Decembre audit an, contenant ses confessions & denegations. Quatre interrogatoires subis par ladite Marie de la Cour femme dudit Jean-Charles Gruslé les 11. Aoust, 10. 14. Novembre & 3. Decembre 1685. contenant aussi ses confessions & denegations. Cinq interrogatoires subis pardevant Nous par ledit Lequin les 7. Aoust, 10. 14. 27. Novembre & 6. Decembre 1685. Quatre interrogatoires subis par ledit Noiset les 9. 14. 27. Novembre & 17. Decembre 1685. Interrogatoire subi par ledit Daniel Bartet le 30. Aoust 1685. Interrogatoire subi pardevant Nous par ledit Remond le 20. Septembre 1685. contenant aussi ses confessions & denegations. Deux interrogatoires subis pardevant Nous par ledit Simon Gruslé les 21. Aoust & 18. Decembre 1685. contenant ses confessions & denegations; l'interrogatoire subi par ledit Jean Cherouvrier sieur Desgrassieres le 5. Septembre 1685. nostre Sentence du 6. Septembre 1685. portant que les témoins qui avoient esté oüis, seroient recollez en leurs depositions & confrontez aux accusez. Recollement par Nous fait des témoins y nommez le 19. Novembre & jours suivans 1685. la confrontation par Nous faite desdits témoins aux accusez y nommez dudit jour 19. Novembre & jours suivans 1685. nostre Sentence du 26. dudit mois de Novembre, portant que les témoins seroient oüis & confrontez, mesme les accusez les uns aux autres; ladite de la Cour & ledit Noiset. Arrests & recommandez sous le bon plaisir du Roy au Chasteau de la Bastille, & que Simon Gruslé, Jean Cherouvrier sieur Desgrassieres & Jean Palerne seroient de nouveau interrogez sur les faits resultans des derniers interrogatoires, & à cette fin tenus de se representer, & cependant ledit Lequin sous le bon plaisir du Roy relaxé des prisons de la Bastille, le recollement par Nous fait desdits accusez à leurs declarations & interrogatoires daté au commencement du premier Decembre 1685. la confrontation par Nous faite desdits accusez des uns aux autres ledit jour premier Decembre 1685. & jours suivans.......... Veu aussi les Requestes & productions des parties, & entre autres les pieces de la production dudit sieur Remond qui sont la Requeste à Nous presentée par ledit Remond le 18. Février 1686. tendante à ce que, Veu que dans le procés il n'y a rien qui ne serve à la décharge du Suppliant & rien aussi qui ne fasse voir l'animosité avec laquelle ses ennemis ont tâché de le diffamer, & par leurs accusations, & par leurs libelles en forme de Requeste joints à ladite Requeste. Il Nous pleust en procedant au jugement du procés extraordinaire commencé à la requeste des Cau-

---

Marginal notes:

22. 23. Novembre & autres jours. Interrogatoires de Jean Gruslé.

Marie de la Cour.

Lequin.

Noiset.

Bartet.

Remond.

Simon Gruslé.

Desgrassieres.

26. Novembre Sentence qu'il sera procedé au recolement & confrontation.

18. Février 1686. Requeste du sieur Remond, afin de reparation des faits & accusations calomnieuses & autres fins mentionnées au texte.

tions de Boutet & de Fauconnet declarer calomnieuse l'accusation de vol, de divertissement de deniers de la Caisse des Fermes
Unies, de complicité & participation à la banqueroute de Jean
Gruslé, & de s'estre par ledit Remond appliqué les deniers de la
Ferme generale pour son profit particulier par de méchantes
voyes, d'avoir par son mauvais exemple, & par sa protection autorisé les abus & malversations de Jean Gruslé, d'avoir par artifice
sous le nom interposé de Simon Gruslé diverty lesdits deniers &
autres faits de ladite qualité, condamner les accusateurs d'en faire
reparation, & d'en passer acte qui sera déposé au Greffe en 3000
livres de dommages & interests & aux dépens, sauf audit Remond
de se pourvoir en temps & lieu, suivant & ainsi qu'il trouvera plus
à propos contre ceux par le commandement desquels le pillage des
effets de Gruslé a esté fait le 29. Juillet 1685. circonstances & dépendances, & à Monsieur le Procureur du Roy de prendre pour
raison de ce, & autres faits resultans du procés telles conclusions
qu'il avisera, & donner acte au Suppliant de ce qu'outre le contenu en ses interrogatoires & reconnoissances de Jean & Simon
Gruslé, & de Marie de la Cour inserées aux procés verbaux de
confrontations. Il employe le contenu en ladite Requeste avec les
pieces y jointes aux inductions y marquées, desquelles pieces il offre de donner copie suivant l'Ordonnance, au bas de laquelle Re-

queste est nostre Ordonnance portant acte de l'employ, & soit
signifié sans retardation, & ensuite est la signification faite d'icelle
audit Huot audit nom ledit jour dix-huitiéme Février par Cartie
Audiancier, avec laquelle Requeste ledit sieur Remond produit
copie d'un Arrest du Conseil rendu sur la Requeste presentée

par lesdits Boutet & Fauconnet & leurs Cautions du vingt-un
Aoust 1685. signifié au domicile dudit sieur Remond le quatriéme
Septembre ensuivant, dans laquelle Requeste lesdits *Boutet &*

Fauconnet en la page deuxiéme disent, *Que ledit Remond à l'e-*
xemple de Pierre Rouviere & Jean Cherouvrier devoit estre exclus de
la Societé & des Baux desdits Boutet & Fauconnet, comme ayant
fait ses avances ou partie d'icelles des deniers de ladite societé, dont
il s'estoit servy par une surprise punissable, ayant à cet effet produit &
nommé Gruslé pour estre l'un des quatre sous-Caissiers: Et quatre lignes plus bas, *Que par ce moyen lesdits Remond & Cherouvrier, estant*
devenus les Maistres dudit Gruslé, ils avoient tiré de sa Caisse tous les
deniers dont ils avoient eu besoin pour faire leurs avances; & par ce
mauvais exemple, ledit Gruslé se sentant protegé & autorisé par ces
deux Interessez ses Cautions, avoit fait des divertissemens considerables
& enfin s'estoit absenté: Et en la page 3. Fauconnet soûtient *Que la*
somme de 25000 livrée en nantissement par Simon Gruslé au Suppliant
appartenoit à Jean Gruslé son frere, auquel ledit Simon Gruslé n'avoit

fait que prefter fon nom, ce qui faifoit connoiftre qu'il n'avoit efté inter-
pofé que pour mieux couvrir la fraude dudit Remond, & empêcher que
l'on euft connoiffance que ladite fomme euft efté tirée de la Caiffe tenuë
par ledit Jean Gruflé, lequel ayant ainfi détourné & diverty prés de
600000 livres, ne peut avoir d'autre excufe que le mauvais exemple
que luy peuvent avoir donné lefdits Defgraffieres & Remond dans une
affaire auffi importante à fa Majefté : Et en la page 4. vers le milieu,
ils ajoûtent Qu'il eft aifé de voir que lefdits Remond & Defgraffieres
ont fait une partie de leurs avances dès deniers tirez de la Caiffe tenuë
par ledit Gruflé, & ce par artifice & mauvaife voye : En la page 5. ils
difent Que lefdits Remond & Defgraffieres ont efté les auteurs, & pour
ainfi dire les complices de la banqueroute de Gruflé : En la page 9. on
repete encore Que le fieur Remond a pris 50000 livres dans la Caiffe
de Gruflé pour faire partie de fes avances ; & qu'il eft d'une dangereufe
confequence de laiffer dans la Societé un Intereffé qui à l'infçû de fes
Affociez prend les deniers de la Caiffe pour les appliquer à fon profit particulier : En confequence de quoy en la page 11. lefdits Fauconnet
& Boutet & leurs Cautions, aprés avoir expliqué leurs conclufions contre lefdits Remond & autres, declarent Qu'ils fe refervent
la voye & pourfuite extraordinaire commencée par Monfieur le Lieutenant Civil au Chaftelet de Paris à l'encontre de Jean Gruflé, fa femme
& complices, laquelle fera continuée aux rifques & fortunes dudit Remond. Autre copie de Requefte prefentée au Confeil par
lefdits Fauconnet & fes Cautions fignifiée audit Remond le hui-
tiéme Octobre 1685. dans laquelle en la page premiere, ils difent
Que Jean Gruflé n'a point efté donné par d'autres que par ledit fieur
Remond, dans la pensée ; fans doute, d'avoir befoin de fon fecours,
& que ce ne fut qu'à fa perfuafion & à celle du fieur Defgraffieres, que ledit Jean Gruflé fut accepté par eux ; parce qu'ils ne s'i-
maginoient pas que des Intereffez fuffent capables d'une prévarication
auffi grande que celle d'abufer d'une Caiffe publique & des deniers
Royaux dont lefdits fieurs Remond & Defgraffieres font accufez & con-
vaincus : Et en la page 2. repliquant à une Requefte prefentée par
le Suppliant à fa Majefté, lefdits Fauconnet & Cautions parlant
dudit fieur Remond Suppliant, difent Qu'ils n'avoient d'autres affeurances du maniement dudit Gruflé que leurs propres deniers dépofez és
mains d'une Caution qui les avoit perfidement trompez, & qu'ils n'efti-
moient pas que fa Majefté fouffre une fi haute perfidie d'un Intereffé
doublement criminel, Premierement d'avoir prefenté ledit Gruflé, en fe-
cond lieu d'avoir par ledit Remond pris fes affeurances dans la Caiffe de
Fauconnet, & d'en avoir feul profité. Dans la page 3. Qu'il ne faut
pas douter que les fommes que le fieur Remond avoit prifes & exigées
dudit Gruflé n'euffent efté tirées de fa Caiffe ; Que bien plus, ledit Fauconnet pouvoit affeurer que la preuve en eftoit conftante, & un peu

8. Octobre 1685.
Autre Requefte de
Fauconnet.

plus bas, ils repetent *Que ladite somme de 50000 livres a esté pri*
dans la Caisse, & que ledit Remond ne l'avoit pas ignoré : Et trois li-
gnes aprés Que cette perfidie de la part d'un Interessé est sans exempl
Dans la mesme page Fauconnet ajoûte *Que les deux billets de 25000*
livres chacun devoient convaincre egalement le sieur Remond qui s'estoit
imaginé couvrir son jeu, en faisant l'un des billets au profit dudit Si-
mon Gruslé, qui avoit neanmoins declaré ne rien pretendre audit billet,
contre lequel ledit sieur Remond ne pouvoit rien dire, sinon qu'il décou-
vroit & mettoit au jour toutes ses ruses & artifices, la mauvaise foy
avec laquelle il en avoit agi avec ses Associez, & les precautions qu'il
avoit prises pour n'estre pas découvert, ce qui le rendoit encore plus cou-
pable. Page 5. de ladite Requeste, Fauconnet soûtient *Que Simon*
Gruslé a deposé que la somme de 25000 livres avoit esté pretextée de
son nom, pour ne point donner à connoistre au sieur Remond qu'elle eust
esté tirée de la Caisse, mais que luy Remond n'estoit pas assez innocent
pour croire que ladite somme eust esté tirée d'ailleurs. En la page 6. *Que*
les intentions dudit sieur Remond bien loin d'estre justes estoient crimi-
nelles, que son procedé paroissoit toûjours honteux & contre la bonne
foy, & dix ou douze lignes plus bas, *Qu'il avoit pris par artifice 50000*
livres dans la Caisse de Gruslé des deniers de la Societé de Fauconnet,
lesquels luy dit Remond avoit employez pour faire partie de ses avances.
Page 7. *Qu'enfin ces 50000 livres estoient des deniers de la Ferme, les-*
quels un Interessé de concert avec le Commis avoit détournez, & qu'en
cas de vol & de divertissement, les Maistres conservoient toûjours leur
droits de proprieté, QUOD SUBREPTUM ERIT ÆTERNA
AUTHORITAS ESTO; & sur la fin de la mesme page 7. *Qu*
ce que ledit Remond avoit fait estoit une perfidie trop grande de la part
d'un Interessé pour estre tolerée. Autre copie de Requeste presentée au
Conseil par ledit Fauconnet du premier Decembre 1685. Dans la
page 2. sur la fin, il est dit *Que quand Simon Gruslé dit dans ses inter-*
rogatoires, qu'on s'est servy de son nom pour empécher qu'on ne sçût qu
la somme, dont est question avoit esté tirée de la Caisse, iceluy Gruslé n
dit pas que cela se fit pour en oster la connoissance à luy dit Remond, mais
en general pour empécher que les Fermiers generaux ne vinssent à le dé-
couvrir, ce qui est le veritable sens de l'interrogatoire dudit Simon Gruslé,
lequel au mesme endroit dit encore qu'il a connoissance que le sieur Re-
mond avoit pris 50000 livres dans la Caisse de son frere. Et dans la
page 4. il est écrit *Que ce qui achevera de confondre le sieur Remond, est*
que Jean Gruslé qui est maintenant entre les mains de la Justice, ne
manquera pas de reconnoistre dans son interrogatoire, s'il ne l'a déja fait,
qu'il luy avoit souvent donné des receus pour ses avances, sans qu'il luy
donnast aucune somme, mais seulement ses billets, ce qui fait voir in-
vinciblement que ledit Remond s'estoit rendu le maistre & du Caissier &
de la Caisse, & qu'il en usoit comme bon luy sembloit, qu'il suffisoit
qu

que cette fomme euſt eſté tirée, comme il paroiſſoit par l'interrogatoire de *Simon Gruſlé*, & qu'elle manquaſt à la Caiſſe. Et dans la page 6. on ajoûte *Que ledit Remond eſt infiniment coupable de s'eſtre fait donner par ledit Jean Gruſlé la ſomme de 50000 livres, puis qu'il a eu deſſein de tromper ſes Aſſociez, & que le nom le plus doux qu'on pouvoit donner à ces manieres d'agir, eſtoit celuy d'une inſigne mauvaiſe foy.* Copie d'un acte paſſé pardevant Sadot & Plaſtrier Notaires en cette Cour le 14. Aouſt 1685. par lequel Simon Gruſlé ſur la requiſition de Jean Fauconnet declare de bonne foy que la reconnoiſſance qui s'eſt trouvée ſous les ſcellez appoſez ſur le Bureau dudit Gruſlé ſon frere datée du 28. Septembre 1681. par laquelle ledit ſieur Remond a declaré que Simon Gruſlé luy a mis entre les mains la ſomme de 25000 livres pour luy ſervir de ſeureté au cautionnement qu'il a paſſé du maniment de Jean Gruſlé aux Fermiers generaux, Eſt & appartient audit Jean Gruſlé comme ayant fourny leſdits 25000 livres, & ledit Simon Gruſlé n'ayant fait en cela que luy preſter ſon nom comme office d'amy, partant conſent entant qu'à luy eſt, que ledit Fauconnet ſe faſſe payer du contenu en ladite reconnoiſſance comme appartenant audit Jean Gruſlé ſon frere, faiſant à cet effet, entant que beſoin ſeroit, toute declaration & retroceſſion neceſſaire. Une lettre miſſive ſignée Moulle, datée à Paris le 30. Juillet 1685. adreſſée à Monſieur Remond à Montpellier par laquelle il luy mande l'évaſion dudit Gruſlé & luy marque qu'il craint que ledit ſieur Remond ne ſouffre à cauſe du cautionnement qu'il a fait pour ledit Gruſlé de 50000 livres. Copie de la réponſe faite par ledit Remond audit ſieur Moulle datée à Montpellier le 5. Aouſt audit an 1685. par laquelle il luy donne l'éclairciſſement de ce qui s'eſt paſſé au ſujet du cautionnement pour ledit Jean Gruſlé & des reconnoiſſances qu'il a données pour le nantiſſement des 50000 livres qu'il a receus, leſquels il offre de payer en le déchargeant dudit cautionnement, & luy rendant ſes reconnoiſſances, & meſme demande ſon congé pour Paris en cas que cela puiſſe faire quelque difficulté. Copies de deux reconnoiſſances faites par ledit ſieur de Remond, l'une à Jean Gruſlé, & l'autre à Simon Gruſlé de vingt-cinq mil livres chacune le meſme jour 28. Septembre 1681. leſdites ſommes à luy miſes és mains pour ſeureté du cautionnement par luy fait pour ledit Jean Gruſlé vers les Fermiers generaux des Fermes-Unies. Six lettres miſſives ſignées de Fremont datées à Paris les 7. 9. 28. Octobre, 21. 28 & 30. Novembre 1682. ſans ſuſcription, par leſquelles il mande de faire compter les Commis tous les huit jours comme ledit ſieur de Fremont, dit qu'il fait compter Palerne à Paris pour éviter le commerce d'argent. Noſtre jugement du 12. Février 1686. portant les ſuſdites ſix lettres & autres y énoncées tenuës pour reconnuës, & ledit jugement declaré commun avec ledit Fauconnet, au bas duquel jugement eſt la ſignification faite d'iceluy auſdits ſieur de Fremont, Fauconnet, & Moulle par Raoul Sergent à Verge le quinze dudit mois de Février, & controllé à Paris le ſeize par Rouſſeau. Un eſtat des ſommes receuës par Jean-Charles Gruſlé cy-devant l'un des Caiſſiers au Bureau general deſdites Fermes & par luy deües à Maiſtre Jean Fauconnet Fermier general deſdites Fermes, & à Meſſieurs ſes Cautions ſuivant cent ſoixante-ſept recepiſſez ou reconnoiſſances dudit Gruſlé, & billets à tenir compte à Maiſtre Jean Palerne Commis du ſieur Fauconnet, & de celles que ledit Gruſlé a payées ſur cinquante-cinq recepiſſez & reconnoiſſances paraphées par le Commiſſaire Huot ſuivant ſon procés verbal commencé le 31. Juillet 1685. ceux dudit Gruſlé eſtant és mains dudit ſieur Palerne trouvées ſous le ſcellé dudit Gruſlé, de tous leſquels recepiſſez & reconnoiſſances copie eſt tranſcrite audit eſtat, enfin deſquelles copies eſt écrit ſomme totale à laquelle montent les cent ſoixante-ſept recepiſſez ou reconnoiſſances dudit ſieur Gruſlé dont les copies ſont cy-devant tranſcrites, *Deux millions ſept cent quinze mil ſix cens trente-ſept livres trois ſols dix deniers*, au bas eſt écrit Enſuit la copie des recepiſſez ou reconnoiſſances dudit Palerne, enſuite deſquelles copies eſt auſſi écrit ſomme totale à laquelle montent leſdits cinquante-cinq recepiſſez ou reconnoiſſances dudit ſieur Palerne dont les copies ſont cy-devant tranſcrites *Deux millions quatre-vingt-douze mil ſix cens quatre-vingt-treize livres neuf ſols dix deniers*, Partant eſt deu par ledit ſieur Gruſlé audit ſieur Fauconnet & ſes Cautions *Six cens vingt-deux mil neuf cens quarante-trois livres quatorze ſols*, au bas eſt la ſignification faite dudit eſtat à la requeſte dudit Fauconnet audit ſieur Remond & autres par de la Rüe Huiſſier le 8. Novembre 1685. Copie du decret d'ajournement perſonnel par nous decerné contre leſdits ſieurs Remond & Deſgraſſieres accuſez à la requeſte dudit Fauconnet demandeur & complaignant le 23. Aouſt 1685. & aſſignation enſuite donnée audit ſieur Remond le 6. Septembre enſuivant par ledit Frejacques Sergent à la requeſte dudit Fauconnet. Copie de noſtre jugement du douze dudit mois de Septembre portant que ledit ſieur Remond ſera tenu ſe faire interroger dans un mois, ſinon ledit decret converty en priſe de corps, ladite copie ſignifiée à la requeſte dudit Fauconnet audit ſieur Remond le quinze dudit mois par Voiſin Audiancier. Autre copie dudit decret & aſſignation donnée en conſequence audit ſieur Remond le vingtiéme Septembre audit an par ledit Frejacques Sergent. L'acte ſignifié à la requeſte dudit ſieur Remond audit Huot audit nom le vingt-quatriéme dudit mois de Septembre par le Noble Audiancier portant qu'il avoit ſubi l'interrogatoire dés le vingtiéme dudit mois de Septembre. Deux autres copies d'aſſignation donnée audit ſieur

Remond à la requeſte dudit Fauconnet les 21. & 23. Decembre 1685. par ledit Frejacques Sergent pour eſté recollé en ſa dépoſition & confronté. Cinq lettres miſſives ſignées de Fremont datées à Paris les 6. 10. 15. 20. & 25. Aouſt 1685. la premiere adreſſée à Monſieur Remond à Montpellier, & les autres ſans ſuſcription, dans leſquelles dit la requeſte dudit ſieur Remond, ledit ſieur de Fremont ne luy donne pas le moindre avis de la procedure criminelle qu'il avoit meditée & commencée; au contraire il luy donne de nouveaux ordres pour l'attacher plus long-temps dans le haut & bas Languedoc. Six autres lettres datées à Paris les 5. 6. Juillet, 28. Aouſt 1684. 20. 27. Juin & 11. Juillet 1685. ſignées Moulle, à l'exception de celle du 5. Juillet 1684. ſignées Hocart toutes ſans ſuſcription. Une ſommation faite à la requeſte dudit ſieur Remond audit Palerne par Joſeph-Alexis Doyen, Sergent à Verge le dernier Janvier 1686. & controllé à Paris le premier Février enſuivant par Roux de luy payer la ſomme de dix-huit mil cent cinquante-ſept livres deux ſols dix deniers pour les intereſts des avances qu'il a dans leſdites Fermes des quartiers de Juillet & Octobre derniers, comme ils ont eſté payez à chacun des autres Intereſſez, proteſtant de le rendre reſponſable des intereſts de ladite ſomme, & de tous dépens, dommages & intereſts. Copie d'un eſtat des intereſts au denier quatorze qui ſont dûs pour les quartiers de Juillet & Octobre 1685 à chacun des ſieurs Intereſſez au bail de Jean Fauconnet des fonds qu'ils ont fait pour ledit bail, ſuivant la ſocieté & leur deliberation, ledit eſtat montant à la ſomme de 482988 livres 16 ſols 4 deniers, dans lequel eſtat eſt écrit, *Et à l'égard des intereſts des avances faites par Monſieur Remond, il n'en eſt icy fait aucun employ, à cauſe de ce qu'il doit à la Compagnie, tant pour raiſon du cautionnement fait par ledit Remond de Iean Gruſlé, que pour l'argent qu'il a pris dans la Caiſſe, & autres demandes à luy faites au ſujet de la banqueroute dudit Gruſlé,* ledit eſtat ſignifié audit ſieur Remond à la requeſte dudit Palerne par Frejacques Sergent le 6. Février 1686. Copie d'une lettre écrite par ledit ſieur Remond auſdits ſieurs Fermiers generaux, datée à Fontainebleau le ſeiziéme Octobre 1685. ſignée pour copie Remond. Autre copie d'une lettre écrite par ledit ſieur Remond à Monſieur le Controlleur general le 19. Septembre 1685. dans laquelle il rend compte de ce qui s'eſtoit paſſé dans l'aſſemblée tenuë au Bureau general de la Ferme le meſme jour, & de ce qu'il a fait offre de payer les 50000 livres dont il eſtoit caution pour Gruſlé, en luy rendant ſes cautionnemens & reconnoiſſances, & ſe plaint *De ce que les ſieurs Arnault & d'Appougny luy ſont venus dire de la part de la Compagnie qu'il euſt à s'abſtenir de ſe trouver dans ſes aſſemblées & dans ſes Bureaux, ny entretenir aucune correſpondance dans les Provinces, juſqu'à ce que*

Aouſt 1685. Lettres & ordres du ſieur Fremont pour occuper le ſieur Remond en Languedoc.

31. Janvier 1686. Sommation à Palerne, & ſa réponſe contenant refus de payer les intereſts des avances du ſieur Remond par ordre de la Compagnie.

19. Septembre. Offres du ſieur Remond de payer les 50000 livres dont il eſt caution.

Ses plaintes de ce qu'on l'éloigne des aſſemblées.

les *procés que la Compagnie avoit contre luy fussent finis, Et qu'à l'é-*
gard de la Commission pour la direction des Entrées de Paris qui esto
dans son lot, & qui vaquoit par la demission du sieur Girardin qu
s'en alloit à Constantinople, la Compagnie y pourvoiroit jusques aprés l'a-
venement desdits procés. Un acte signifié à la requeste dudit sieur
Remond audit Fauconnet & ses Associez le 24. Janvier 1686. par
Raince Huissier au Conseil, par lequel il leur declare qu'attendu
qu'il paroist que lesdits Fauconnet & ses Cautions veulent rendre
le Chastelet Juge, & y faire faire le procés audit Remond à l'Extraordinaire pour la pretenduë complicité de la banqueroute dudit
Jean Gruslé, divertissement des deniers de la Ferme pretendus pr
par ledit Remond par artifice & mauvaises voyes pour ses avances &
profit particulier, de l'interposition du nom de Simon Gruslé, vol
& perfidie, ledit Remond declare *Qu'il poursuivra de l'agréme*
de Monsieur le Controlleur general, le Jugement de l'Instance criminel
pendante audit Chastelet, & son absolution de tous lesdits fait
contre luy calomnieux inferez és Requestes presentées au Con
seil par Boutet & Fauconnet. Trois autres actes signifiez à la re
queste dudit sieur Remond les 28 31. Janvier, & 6. Février 1686. q
sont des sommations faites à l'Avocat au Conseil dudit Fauconne
& ses Cautions, de mettre incessamment entre les mains de Monsieu
le Controlleur General la production dudit Remond que led
Fauconnet ou son Avocat avoit retirée, à laquelle production esto
entr'autre chose jointe une lettre du sieur de Fremont à l'adre
dudit sieur Remond datée du 29. Aoust 1685. Copie de la Reque
ste presentée au Roy & à Nosseigneurs de son Conseil par le
sieur Remond le premier Octobre 1685. à ce que acte luy fust do
né de ce que pour réponse à la Requeste presentée au Conseil p
Boutet & Fauconnet & leurs Cautions inferée en l'Arrest
Communiqué du vingt-un Aoust dernier, il employoit le con
nu en ladite Requeste, & en consequence des offres qu'il fait
payer audit Fauconnet la somme de 50000 livres dont il s'est ren
Caution, & les interests au denier vingt depuis le 28 Septemb
1681. le décharger purement & simplement dudit cautionnem
ensemble de toutes les autres demandes, Fins & conclusions d
Cautions desdits Boutet & Fauconnet, Ordonner que sur les in
rests de ladite somme de 50000 livres compensation sera fa
jusqu'à concurrance de la somme de 8000 livres contenuë au b
let de Jean Gruslé du 14. May dernier, & outre condamer les C
tions dudit Fauconnet en telle reparation qu'il plaira à sa Maje
aux dommages & interests dudit Remond & aux dépens. La R
queste à nous presentée par ledit sieur Remond, à ce qu'assig
tion fust donnée ausdits sieurs de Fremont & Moulle, pour
connoistre, confesser ou nier les lettres missives datées par la

Requ

Requeſte, & voir dire qu'elles demeureront pour reconnuës, au bas de laquelle Requeſte eſt noſtre Ordonnance portant ſoit donné aſſignation en reconnoiſſance au Parc civil à l'ordinaire fait ce premier Février 1686. Aſſignation enſuite donnée auſdits ſieurs Fremont & Moulle aux fins d'icelle à la requeſte dudit ſieur Remond par ledit Raoul Sergent à Verge le 4. dudit mois de Février, & controllé à Paris le ſixiéme dudit mois par Rouſſeau. L'acte ſignifié à la requeſte dudit ſieur Remond auſdits ſieurs de Fremont, Moulle & Fauconnet par ledit Raoul Sergent le onziéme dudit mois de Février, & controllé à Paris le douziéme par Rouſſeau, portant que n'y ayant point eu d'Audiance le jour qu'ils avoient eſté aſſignez par le ſuſdit exploit, il pourſuivroit l'Audiance le lendemain. Requeſte à nous preſentée par ledit Fauconnet & ſes Cautions le 5. Mars 1686 à ce que acte leur fuſt *donné de ce que pour réponſe à la Requeſte dudit ſieur Remond, & pour contredits contre les pieces par luy produites, ils employoient le contenu en ladite Requeſte, ce faiſant le débouter de ladite Requeſte & le condamner aux dépens, ſans préjudice de l'Inſtance pendante au Conſeil du Roy entre ledit ſieur Remond & les Supplians,* au bas de laquelle Requeſte eſt nôtre Ordonnance portant acte & ſoit ſignifié, & enſuite eſt la ſignification faite d'icelle au Procureur dudit ſieur Remond ledit jour cinquiéme Mars par Maupoint Audiancier. Copie d'un Extrait de Requeſte imprimée fournie par Simon Gruſlé contre Jean Fauconnet à luy ſignifiée le 10. Mars 1686. dans laquelle ledit Simon Gruſlé auroit dit, *Il eſt encore facile de répondre au dernier moyen dudit Fauconnet, Pour cela il faut obſerver qu'en l'année 1680. la Commiſſion de Caiſſier des Gabelles ayant eſté donnée à Jean Gruſlé du Bail de Boutet, le ſieur Remond l'un des Intereſſez auſdites Fermes qui ſe rendit Caution de Jean Gruſlé juſques à la ſomme de 25000 livres, voulut eſtre nanty de pareille ſomme pour ſeureté de ſon cautionnement. Jean Gruſlé luy mit cette ſomme entre les mains avant que d'entrer dans ladite Commiſſion. En l'année 1681. le Bail de Boutet ayant ceſſé; Et ayant eſté fait une readjudication des Fermes à Fauconnet, il falut augmenter le cautionnement de Jean Gruſlé, le ſieur Remond le pouſſa juſques à 50000 livres, & parce qu'il n'avoit entre les mains qu'une ſomme de vingt-cinq mil livres pour nantiſſement, il falut encore luy donner une pareille ſomme. Le Suppliant qui eſtoit alors Caiſſier du ſieur Clerx dans un maniment de plus de trente millions par an, la mit entre les mains du ſieur Remond; ledit ſieur Remond en donna ſa reconnoiſſance du 28. Septembre 1681. Quelque temps aprés le Suppliant ayant commencé de faire la Banque pour ſon compte, il eut beſoin du peu qui luy reſtoit des grands gains qu'il avoit faits chez le ſieur Clerx, il retira de Jean Gruſlé ſon frere les 25000 livres qu'il avoit donnez, & luy remit entre les mains le billet dudit ſieur Remond; En ſorte que veritablement il ne pouvoit plus rien pretendre dans*

Margin notes:

5. Mars 1686. Requeſte de Fauconnet employée pour défenſes au Chaſtelet, & de contredits contre la production dudit Remond.

" 10. Mars 1686. Piece qui merite d'étre leüe.

" Extrait d'une Requeſte de Simon Gruſlé contenant ſa declaration comment on l'a pratiqué pour dépoſer contre le ſieur Remond, & ſa reconnoiſſance comme il eſtoit demeuré d'accord à la confrontation que les 25000 livres contenus en la reconnoiſſance paſſée à ſon profit eſtoient de ſes deniers.

» ladite somme de 25000 livres. Voila de la maniere que les chos[es]
» se sont passées & comme le *Suppliant les a dites dans ses interrog[a]*
» *toires & confrontations*, Il n'apprehende pas qu'il y ait des preuv[es]
» contraires, Il est vray que quelque temps *après l'absence de Jea[n]*
» *Gruslé, Comme le Suppliant n'avoit donné à son frere aucune reconnois[-]*

Endroit remarqua-
ble.

» *sance ny fait aucun transport des 25000 livres dont ledit sieur Remon[t]*
» *avoit fait son billet à son profit, Le sieur de Fremont l'un des Caution[s]*
» *de Fauconnet luy fit entendre que pour poursuivre le payement de cett[e]*
» *somme contre le sieur Remond, Il faloit qu'il donnast une reconnoissan[ce]*

Dont aucuns des
Fermiers generaux
n'ont osé se plain-
dre.

» *comme il n'y pretendoit rien, & que cela appartenoit à son frere*, L[E]
» SUPPLIANT QUI AVOIT BESOIN DE LA PROTECTIO[N]
» DU SIEUR FREMONT A CAUSE DES GROSSES SOMME[S]
» QU'IL DEVOIT A LA CAISSE *des Fermes qui se montoient*
» *plus de* 450000 *livres*, ET QUI EFFECTIVEMENT N[E]
» PRETENDOIT RIEN AUX 25000 *livres* DEUS PAR L[E]
» SIEUR REMOND, *suivant le billet dont a esté parlé, ne fit pas*
» *difficulté d'en donner une reconnoissance*, ET IL AVOIT POU[R]
» LORS *tant d'aveuglement pour suivre les volontez du sieur de Fr[e]*

* Cette declaration
est du 14. Aoust
1685.

» *mont que dans le mesme temps qu'il a passé la declaration* * dont
» *s'agit*, IL FUT AVEC LUY ET AVEC PALERNE PREN[-]
» DRE CONSEIL DE Mᶜ DE LA GARDETTE PROCUREU[R]
» EN PARLEMENT POUR SUBIR L'INTERROGATOIR[E]
» SUR LE DECRET D'AIOURNEMENT PERSONNEL D[E]
» CERNÉ CONTRE LUY, IL NE VOULOIT PAS QUE L[E]
» SUPPLIANT AVOÜAST QUE L'ON ESTOIT ENTRÉ DA[NS]
» LE BUREAU DE JEAN GRUSLÉ AVANT L'APPOSITIO[N]
» DES SCELLEZ, ET QUE PALERNE EN AVOIT PRI[S]
» DES EFFETS, Mᶜ DE LA GARDETTE POURROIT REN[-]
» DRE TEMOIGNAGE DE CETTE VERITÉ, ET S'IL AVO[IT]
» ESTÉ D'UNE PROBITÉ MOINS SCRUPULEUSE, L[E]
» SUPPLIANT QUI CROYOIT SON FRERE EN SEURET[É]
» ET QUI VOULOIT SE MENAGER AUPRÉS DU SIE[UR]
» DE FREMONT AUROIT ESTÉ BIEN EMBARASSÉ PO[UR]
» REPONDRE A L'INTERROGATOIRE. Le Suppliant n'a p[as]
» eu la précaution de faire faire dans cette reconnoissance un dét[ail]
» & une explication de la maniere dont les choses se sont passées[,]
» n'a songé qu'à l'essence de l'acte, & au sujet pourquoy il le do[n]
» noit, c'est à dire à faire une declaration qu'il ne pretendoit ri[en]
» aux 25000 livres, Il est vray qu'il a dit qu'il n'avoit fait que pre[ter]
» son nom à son frere; peut-estre que c'est une adresse de Fauc[on]
» net qui a fait dresser cet acte, & sur la requisition duquel il a[esté]
» passé; peut-estre que c'est un style du Notaire auquel le Suppli[ant]
» n'a pas pris garde, parce qu'il n'en prevoyoit pas la conseque[nce]
» *Mais quoy qu'il en soit, le Suppliant ne pretendant rien dans les e[ffets]*

livres dont est question, n'ayant point dit dans ses interrogatoires qu'il «
y pretendoit quelque chose, la reconnoissance en question estant une piece «
appreslée par Fauconnet, & passée à sa requisition, C'est un moyen «
bien foible pour établir une mauvaise foy, & pour prouver une «
complicité de banqueroute, joint qu'il ne justifie aucun divertisse- «
ment ny aucun recelé. Et ledit sieur Remond dit qu'il n'ajoûtera rien «
à cet extrait, si ce n'est qu'il est seur ou que Simon Gruslé a esté suborné
par ledit sieur de Fremont, ou que ledit sieur de Fremont ne manquera
pas de faire faire le procés audit Simon Gruslé. Requeste verbale du
sieur Remond signifiée au Procureur dudit Fauconnet le 18. Decembre 1685. par Boistard Audiancier, à ce qu'il fust dit qu'attendu que ledit sieur Remond a subi interrogatoire qui justifie Que
l'accusation contre luy faite est temeraire & injurieuse, si vray que depuis ledit temps, ledit Fauconnet n'a tenu conte de faire autre procedure contre luy, & que mesme par sa Requeste du Conseil signifiée le huitiéme Octobre dernier, Il declare qu'il n'entend point
poursuivre ladite Instance contre ledit sieur Remond ny luy faire
faire son procés, n'y ayant rien de son fait dans ladite poursuite
criminelle, Il seroit déchargé & envoyé absous de ladite accusation avec
reparation, dommages, interests & dépens. Requeste imprimée à nous
presentée par ledit sieur Remond le 18. Mars 1686. à ce qu'acte luy
fust donné de ce que pour toutes salvations & repliques à la Requeste du 5. Mars 1686. il employoit le contenu en ladite Requeste,
ensemble toute la procedure criminelle continuée à la Requeste dudit Fauconnet avec la Requeste verbale faite par Pauvert Procureur du Suppliant, & signifiée le 18. Decembre 1685. servant à ju-
stifier de l'accusation & de la calomnie des Fermiers generaux.
Comme aussi le procés verbal de levée & reconnoissance de scellé
du Commissaire Huot, Auquel procés verbal en la vacation du 9.
Aoust 1685. sont inserées les requisitions de Moreau & de Presdeseigle
Procureurs, à ce que le sieur de Fremont & Palerne fussent tenus de de-
meurer d'accord qu'avant l'apposition du scellé les papiers de Jean Gruslé
avoient esté pris, Ensuite de quoy sont les évasions & denegations du
sieur de Fremont, Le tout servant aux fins portées par ladite Requeste, avec l'extrait de la Requeste presentée par Simon Gruslé le
10. Mars 1686 Et tout ce que le Suppliant a écrit & produit, & en
consequence sans s'arrester à ladite Requeste dudit jour cinquiéme
Mars, adjuger au Suppliant les fins & conclusions par luy prises
par ladite Requeste du 18. Février 1686. au bas de laquelle Requeste
est nostre Ordonnance portant acte, & soit signifié sans retardation du jugement, & ensuite est la signification faite d'icelle ledit jour 18. Mars audit Huot audit nom par Cartier Audiancier.
La sommation faite de comparoir à la Chambre du Conseil à la
requeste dudit Fauconnet audit sieur Remond par ledit Cartier Au-

Autre endroit de la
Requeste du sieur
Remond qui merite
d'estre leu.

18. Decembre 1685.
Requeste à l'Au-
diance du Chaste-
let, afin d'absolu-
tion, avec domma-
ges & interests.

18. Mars 1686. Re-
queste de salvations
& production nou-
velle du sieur Re-
mond.

diancier le 3. Avril 1686. *pour eſtre preſent lors du jugement du pro*[...]
qui eſt entre les Parties au rapport de Monſieur Belin Conſeill[er]
& eſtre entendu en ladite Chambre du Conſeil en procedant au jugem[ent]
d'iceluy, Et tout veu & conſideré, NOUS DISONS PA[R]
DELIBERATION DU CONSEIL; OUY ſur ce le Pr[o-]
cureur du Roy, Que ledit Jean - Charles Gruſlé eſt declaré deu[e-]
ment atteint & convaincu de banqueroute frauduleuſe, *vol dom*[e-]
ſtique & divertiſſement par luy fait des deniers de la Caiſſe des Ferm[es]
du Roy, dont il eſtoit dépoſitaire en qualité de l'un des Comm[is]
Caiſſiers du Fermier general, pour reparation de quoy &c. Et [à]
l'égard deſdits Simon Gruſlé, Marie de la Cour & Jean Chero[u-]
vrier ſurcis au jugement du procés juſques aprés l'execution d[u]
dit Jean-Charles Gruſlé, meſme au jugement de la requeſte & i[n-]
tervention des creanciers dudit Cherouvrier, Sont leſdits Lequi[n]
& Noiſet déchargez de l'accuſation, & ledit Fauconnet condam[né]
aux dépens à leur égard, & en trois cens livres de dommages [&]
intereſts pour chacun, *Leſdits Clerx & Bartet pareillement décha*[r-]
gez avec dépens pour tous dommages & intereſts, ſur l'accuſation cont[re]
ledit Palerne les Parties miſes hors de Cour & de procés, ET EN C[E]
QUI REGARDE L'ACCUSATION FORMÉE PAR LEDI[T]
FAUCONNET CONTRE LEDIT SIEUR REMOND, E[N]
EST LEDIT REMOND DÉCHARGÉ, ET LEDIT FA[U-]
CONNET CONDAMNÉ EN SES DÉPENS, DOMMAGE[S]
ET INTERESTS TELS QUE DE RAISON, *Et faiſant droit*[ſur]
le requiſitoire du Procureur du Roy, *défenſes ſont faites audit Paler*[ne]
& à tous Commis & Caiſſiers des Fermes du Roy de faire aucunes n[e-]
gociations pour leurs comptes particuliers de lettres de change ou bill[ets]
procedant des deniers de la Caiſſe à peine de concuſſion, ſuivant l'Ar[ti-]
cle XXI. du Titre XVIII. de l'Ordonnance des Gabelles, & d[e-]
meuront les mots injurieux inſerez dans les Requeſtes cont[re]
les Cautions dudit Fauconnet ſupprimez, Jugé le 3. Avril 1686. [&]
prononcé aux Parties &c. Et à Monſieur le Procureur du Roy po[ur]
ledit Gruſlé, lequel a appellé. Collationné, Signé, HINDRE[T.]

EXTRAIT DES REGISTRES
de la Cour des Aydes.

VEu PAR LA COUR le procés extraordinairement i[n-]
ſtruit & jugé au Chaſtelet de Paris à la requeſte de Maiſ[tre]
Jean Fauconnet Fermier general de Fermes Unies du Roy dem[an-]
deur & complaignant, le Subſtitut du Procureur General du R[oy]
joint à l'encontre de Jean-Charles Gruſlé l'un des quatre Com[mis]
Caiſſiers deſdites Fermes, Marie - Marguerite de la Cour fem[me]
dud[it]

dudit Jean-Charles Gruflé, Simon **Gruflé** Banquier à Paris, Maiftre Jean Cherouvrier fieur Defgraffieres, Maiftre Denis Lequin Confeiller du Roy Notaire audit Chaftelet, Lambert Clerx Ecuyer Confeiller du Roy cy-devant Banquier à Paris, Maiftre Jean Palerne Commis general defdites Fermes-unies ; *François Remond fieur de Breviande l'un des Intereffez aufdites Fermes ;* Daniel Bartet Commis au Bureau defdites Fermes & Claude Noifet agent de Change & Banquier à Paris *tous deffendeurs & accufez,* & entre Nicolas de Matigni Bourgeois de Paris creancier dudit Jean-Charles Gruflé intervenant & demandeur fuivant fa requefte verbale fignifiée le 3. Septembre 1685. d'une-part, & ledit Fauconnet défendeur d'autre, & encore entre Eftienne Monginot fieur de la Salle, Jacques Pinfon ancien Confeiller-Secretaire du Roy, Pierre Aymejean & leurs Confors Syndics des creanciers dudit Cherouvrier intervenans & demandeurs en requefte & exploit des 22. & 24. Octobre 1685. d'une part, & lefdits Fauconnet & Cherouvrier deffendeurs d'autre ; Sentence dont eft appel en date du 3. Avril 1686. par laquelle oüy le Subftitut du Procureur General du Roy, ledit Jean-Charles Gruflé auroit efté declaré deuëment atteint & convaincu de banqueroute frauduleufe, vol domeftique & divertiffement par luy faits des deniers de la Caiffe des Fermes du Roy dont il eftoit depofitaire en qualité de l'un des Commis Caiffiers du Fermier general, pour reparation dequoy ledit Jean-Charles Gruflé auroit efté condamné à eftre pendu & étranglé à une potence qui feroit à cet effet plantée au bout du Pont-Neuf & Carrefour des trois Maries, préalablement appliqué à la queftion ordinaire & extraordinaire pour fçavoir par fa bouche les noms des complices de fa banqueroute & divertiffement de deniers, & la verité d'aucuns faits refultans du procés tous fes biens acquis & confifquez au Roy, fur iceux préalablement prife la fomme de cinq cens foixante trois mil deux cens fept livres à laquelle fe feroit trouvé monter le debet de Caiffe dudit Jean-Charles Gruflé, & mil livres d'amende envers le Roy, en cas que confifcation n'euft lieu au profit de fa Majefté, ledit Jean-Charles Gruflé condamné en outre en dix mil livres de reparations civiles dommages & interefts envers ledit Fauconnet & aux dépens du procés, & ce fans s'arrefter aux demandes dudit Jean-Charles Gruflé portées par fa requefte du douziéme Fevrier 1686. dont il auroit efté debouté ; Pour faciliter le payement de laquelle fomme de 563207 livres auroit efté ordonné que toutes les Lettres de Change, billets & effets trouvez dans le Bureau dudit Gruflé fous le fcellé appofé par le Commiffaire Huot & mentionnez en fon procés verbal feroient mis és mains dudit Fauconnet pour en pourfuivre le recouvrement ainfi qu'il aviferoit, & les deniers eftre par luy

3. Avril 1686. Sentence dont eft appel.

E

touchez fans avoir égard à l'intervention & demande dudit Ma[t]
gny dont il auroit efté débouté, & à l'égard defdits Simon Gru[flé]
Marie de la Court & Jean Cherouvrier auroit efté furcis au jug[e]
ment du procés jufqu'aprés l'execution dudit Jean-Charles Gru[flé]
mefme au jugement de la requefte & intervention des creancier[s]
dudit Cherouvrier, & auroient efté lefdits Lequin & Noifet dé[f]
chargez de l'accufation, & ledit Fauconnet condamné aux dépen[s]
à leur égard & en 300 livres de dommages & interefts pour cha[f]
cun, auroient efté lefdits Clerx & Bartet pareillement décharge[z]
avec dépens pour tous dommages & interefts, fur l'accufatio[n]
contre ledit Palerne les parties auroient efté mifes hors de Cour
& de procés, *&) en ce qui regarde l'accufation formée par ledit Fau*
connet contre ledit Remond, ledit Remond en auroit efté déchargé, &
ledit Fauconnet condamné en fes dépens dommages & interefts tels qu[e]
de raifon; & faifant droit fur le requifitoire du Subftitut du Procu
reur General du Roy, défenfes auroient efté faites audit Palern[e]
& à tous Commis & Caiffiers des Fermes du Roy de faire aucu[?]
nes negociations pour leurs comptes particuliers de Lettres d[e]
Change ou billets procedans des deniers de la Caiffe, à peine d[e]
concuffion fuivant l'art. 21. du tit. 18. de l'Ordonnance des Gabel
les, & demeureront les mots injurieux incerez dans les requefte[s]
contre les Cautions dudit Fauconnet fupprimez; ladite Sentenc[e]
prononcée aux Procureurs defdites Parties, & à ladite Marie d[e]
la Cour és prifons du grand Chaftelet laquelle en auroit appellé
comme auffi ladite Sentence auroit efté leuë au Subftitut du Pro
cureur General du Roy pour ledit Jean-Charles Gruflé qui e[n]
auroit appellé ledit jour troifiéme Avril, lefdites productions ge
nerales. Arreft contradictoire de la Cour du
par lequel Maiftre Louis Nivelle Avocat & Pierre Fournier Pro
cureur auroient efté accordez pour confeil audit Jean-Charle[s]
Gruflé, Arreft du *Confeil d'Eftat du Roy du 6. Avril 1686.* par le
quel fans avoir égard à l'Arreft du Parlement de Paris du 4. dudi[t]
mois d'Avril auroit efté ordonné que fur l'appel interjetté par le
dit Gruflé de la Sentence dudit Chaftelet du 3. dudit mois & au[?]
circonftances & dépendances, les Parties procederoient en la Cou[r]
à laquelle entant que befoin feroit, S. M. auroit attribué tout[e]
Cour, Jurifdiction & connoiffance, icelle interdite audit Parle
ment de Paris; à cet effet que le procés fait audit Chaftelet fero[it]
apporté au Greffe de la Cour, à ce faire le Greffier & tous autr[es]
depofitaires contraints par corps, quoy faifant déchargez, & qu[e]
ledit Gruflé feroit transferé des prifons dudit Chafteler où il efto[it]
détenu en celles de la Conciergerie du Palais, & feroit ledit Ar
reft executé nonobftant oppofitions ou appellations, dont fi au[?]
cunes intervenoient, Sa Majefté s'en feroit refervé à foy & à fo[n]

6. Avril 1686. Ar-
reft d'attribution
de jurifdiction à la
Cour des Aydes.

Conſeil la connoiſſance, & icelle interdite à toutes Cours & Ju-
ges Signification faite dudit Arreſt le 8. Avril 1686. Lettres Paten-
tes du Roy ſignées LOUIS; *Et plus bas*, par le Roy; COLBERT,
& ſcellées du grand Sceau de cire jaune à la Cour adreſſantes, par
leſquelles Sa Majeſté auroit commis les y dénommez pour en la
premiere Chambre de ladite Cour au rapport de M. Antoine le
Févre de la Malmaiſon, *proceder inceſſamment au jugement dudit procés, circonſtances & dépendances en dernier reſſort*. Arreſt de ladite
Cour du 12. Aouſt 1686. les Chambres aſſemblées portant enregi-
ſtrement deſdites lettres ce requerant le Procureur General du
Roy. Autre Arreſt de ladite Cour du 24. jour de May 1686. rendu
entre ledit Jean-Charles Gruſlé demandeur en Requeſte du vingt-
un dudit mois, à ce qu'il pleuſt à la Cour ordonner que le Conſeil
accordé audit Gruſlé auroit communication des regiſtres, lettres
miſſives, projets, bordereaux, comptes, & autres pieces civiles du
procés, enſemble de la Sentence diffinitive en ſon entier d'une-
part, & ledit Fauconnet défendeur d'autre, par lequel Arreſt auroit eſté ordonné que dans le lendemain pour tout le jour ledit
Gruſlé ſeroit tenu de cotter preciſement les pieces eſtant au procés
dont il auroit demandé communication pour ce fait & veu par
ladite Cour eſtre ordonné ce que de raiſon, ſans retardation toutefois du jugement du procés. Acte ſignifié le 28. dudit mois de
May à la requeſte dudit Gruſlé au Procureur dudit Fauconnet, par
lequel il auroit cotté & indiqué les pieces dont il auroit demandé
communication ſuivant & au deſir dudit Arreſt. Autre Arreſt de
ladite Cour du dernier jour dudit mois de May 1686. par lequel
auroit eſté ordonné que leſdits Loüis Nivelle, & Pierre Fournier
donnez pour conſeil audit Jean-Charles Gruſlé auroient ſeulement
communication par les mains du Conſeiller-Rapporteur, & ſans
retardation du jugement du procés, des pieces mentionnées audit
arreſt. Sommation faite à la requeſte dudit Gruſlé audit Fauconnet
d'eſtre preſent ſi bon luy ſembloit à la communication des pieces ordonnée par ledit arreſt. Requeſte preſentée au Conſeil par
ledit Jean-Charles Gruſlé à ce que pour luy donner moyen de
rendre ſon compte, & arreſter le cours des pourſuites contre luy
faites. Seureté & ſauf-conduit de ſa perſonne luy fuſt accordé pour
un mois, ordonner que dans ledit temps il ſeroit ſurcis à toutes
pourſuites ordinaires & extraordinaires, tant à l'encontre dudit
Gruſlé que de ſes Cautions & autres qui auroient eſté compris dans
leſdites Inſtances & procés, & à cette fin impoſer durant ledit temps
ſilence aux Procureurs Generaux & leurs Subſtituts, faire défenſes
audit Fauconnet & Intereſſez, & à tous autres creanciers dudit
Gruſlé de faire mettre à execution aucuns Decrets, Sentences &
contraintes à l'encontre dudit Suppliant & autres, à peine de nul-

12. Aouſt 1686. Au-
tre attribution.

lité & perte de leur deu, droits & actions, & à tous Huiſſiers
Sergens de les mettre à execution auſſi à peine de nullité 300
livres d'amende, & de tous dépens, dommages & intereſts. Arreſt
du Conſeil d'Eſtat du Roy du 10. Novembre 1685. par lequel auroit
eſté ordonné que ladite Requeſte dudit Gruſlé ſignée Paſquier
Avocat en iceluy ſeroit remiſe au Greffe du Chaſtelet pour ſervir à l'inſtruction du procés commencé par le ſieur Lieutenant
Civil contre ledit Gruſlé & complices du vol & divertiſſement par
luy fait dont il ſeroit donné communication audit Fauconnet
auquel auroit eſté permis de faire ſaiſir les promeſſes mentionnées
audit Arreſt entre les mains des dépoſitaires, qui ſeroient tenus de
les remettre au Greffe dudit Chaſtelet pour eſtre reconnuës par
qui il appartiendroit, & les reconnoiſſances jointes aux procés. Saiſi-
ſie & arreſt faits le 16. dudit mois de Novembre deſdits billets mentionnez audit Arreſt és mains du ſieur de Vertamont avec ſommation & injonction de les porter au Greffe du Chaſtelet. Arreſt
de la Cour du 2. Juillet 1686. rendu entre ledit Gruſlé demandeur
en Requeſte du 26. Juin 1686. à ce que ledit Fauconnet fuſt tenu de
repreſenter inceſſamment, & mettre au Greffe les pieces y mentionnées d'une-part, & ledit Fauconnet défendeur d'autre, & Ravot
pour le Procureur General du Roy, par lequel auroit eſté ordonné que dans le lendemain pour tout le jour ledit Fauconnet ſeroit
tenu de mettre au Greffe le regiſtres des lettres de change dudit
Jean-Charles Gruſlé commençant au 2. Juillet 1685. enſemble celuy tenu par Dumouſtier Commis dudit Palerne commençant ledit jour 2. Juillet 1685 comme auſſi les 93. proteſts dont eſtoit queſtion trouvez ſous le ſcellé appoſé ſur les effets dudit Gruſlé pour
en prendre par leſdits Nivelle & Fournier conſeil accordé audit
Gruſlé communication par les mains du Conſeiller-Rapporteur
ſans déplacer, & en tirer tels extraits qu'ils aviſeroient bon eſtre.
Ordonne en outre que ledit Fauconnet ſeroit tenu dans ledit temps
de joindre au procés ledit Arreſt du Conſeil, & ladite Requeſte
afin de ſauf-condüit pour ſervir aux parties ce que de raiſon, le
tout ſans retardation du jugement dudit procés, & le ſurplus de la
Requeſte dudit Gruſlé auroit eſté jointe audit procés pour en jugeant y eſtre fait droit ainſi que de raiſon. Sommation faite le 4.
Juillet 1686. audit Fauconnet à la requeſte dudit Gruſlé d'eſtre preſent ſi bon luy ſembloit, à la communication ordonnée par ledit
arreſt. Requeſte preſentée à la Cour par ledit Jean-Charles Gruſlé,
tendante à ce qu'il luy pluſt ordonner que ledit Arreſt contradictoire du 2. dudit mois de Juillet 1686. ſeroit executé ; ce faiſant
que dans le jour ledit Fauconnet ſeroit tenu de remettre entre les
mains du Conſeiller - Rapporteur le regiſtres des lettres de change
des Provinces de Lionnois, Provence & Dauphiné pour en prendre
communication

communication par le conseil dudit Gruflé avec tels extraits qu'il
appartiendroit, au bas de laquelle Requeste est l'Ordonnance de la
Cour du 8 dudit mois de Juillet 1686. par laquelle auroit esté or-
donné que les Parties en viendroient le lendemain en la premiere
Chambre de ladite Cour huit heures du matin avec le Procureur
General du Roy, & ce sans retardation du jugement du procés.
Acte signifié ledit jour huitiéme Juillet à la requeste dudit Fauconnet audit Gruflé, portant que ledit Fauconnet avoit mis au
Greffe de ladite Cour le regiftre des lettres de change provenans
des Gabelles de Provence, Lionnois & Dauphiné tenu par ledit
Dumouftier Commis dudit Palerne depuis ledit jour 2. Juillet 1685.
jufques au 27. dudit mois, à ce qu'il euft à en prendre communication par les mains du Conseiller-Rapporteur, & ainsi declaroit
qu'il eftoit inutile de plaider fur ladite Requeste. Certificat du Greffier Garde-facs & dépoft de la Cour, par lequel il eft porté que
ledit Fauconnet auroit mis audit Greffe le regiftre des lettres de
change concernans les Gabelles de Lionnois, Provence & Dauphiné, commençant au 25. Novembre 1682. finiffant au 12. Juin
1686. tenu par ledit Dumouftier. Autres regiftres mis au Greffe de
ladite Cour le 3. Juillet 1686. par ledit Fauconnet en execution de
l'Arreft d'icelle du deuxiéme dudit mois. Requefte dudit Jean-
Charles Gruflé du 19. Juillet 1686. tendante à ce qu'il pluft à la Cour
recevoir le Suppliant appellant de la Sentence contre luy renduë
le 3. Avril 1686. luy donner acte de ce que pour moyens d'appel &
de nullité, il employoit le contenu en ladite Requefte & autres
avec les pieces y attachées; & en confequence mettre l'appellation
& ce dont a efté appellé au neant, & décharger ledit Gruflé de la
pourfuite extraordinaire contre luy faite, & avant que de faire
droit fur la condamnation du debet de compte, Ordonner que les
Parties viendroient à compte pardevant tels des Conseillers de la
Cour qu'il luy plairoit commettre; & qu'à cet effet ayant égard à
l'infcription en faux formée par ledit Gruflé contre les trois billets
& recepiffez des fieurs Clerx, Palerne & Simon Gruflé qui auroient
efté faits le jour de l'entrée dans fon Bureau, & qui auroient efté
fauffement antidatez les 26. & 27. Juillet 1685. fans s'arrefter auf-
dits recepiffez & billets qui feroient declarez faux tant pour la date
que pour les fommes y contenuës ny à la rature appofée fur le
chiffre de la partie de 130000 livres couchée dans le regiftre de dé-
penfe dudit Jean-Charles Gruflé & dont le recepiffé auroit efté
fouftrait, condamner folidairement les fieurs de Fremont, Palerne,
Clerx & Simon Gruflé de rendre audit Jean-Charles Gruflé toutes
les lettres & billets de change qu'il avoit laiffez dans fon Bureau
contenus dans fes regiftres de lettres de change & regiftres broüil-
lon, & dont ils fe feroient emparez par voyes de fait & fans auto-

rité de Juſtice, ordonner que ledit Fauconnet ſeroit tenu de
mettre inceſſamment entre les mains dudit Jean-Charles Gru
tous les regiſtres, proteſts & autres pieces trouvées ſous le ſce
ſervant à la juſtification du compte, & de luy repreſenter le re
ſtre dans lequel ledit Palerne écrivoit ſes recepiſſez ou billet
tenir comptes des ſommes qu'il faiſoit payer par ledit Gruſlé,
en cas de dény par ledit Palerne d'avoir entre ſes mains ledit re
ſtre, permettre audit Gruſlé de faire preuve de la verité dudit
giſtre, comme auſſi ordonner que dans le compte que ledit Gru
offroit de rendre, Les ſommes contenuës dans les lettres de chan
dont les proteſts auroient eſté rendus audit Dumouſtier, & qui ſe
cotées ſur ſon regiſtre, & deſquelles n'auroit eſté fait aucune
minution audit Gruſlé, ſeroient diminuées ſur la recepte du
compte, & que la partie de 130000 livres couchée ſur le regiſtre
dépenſe dudit Gruſlé, les 24800 livres du billet payé à Chaumon
enſemble les 135000 livres contenus dans l'eſtat qu'il a fourny
procés des billets & lettres de change qui n'ont point eſté comp
ſes dans le recepiſſé des 875000 livres donnez par ledit Palerne,
roient employées dans la dépenſe dudit compte, ſans préjudice d
faire ajoûter d'autres parties après la communication deſdites pi
ces & repreſentation deſdits regiſtres, meſme des regiſtres du
Dumouſtier en leur entier, au lieu que la communication n'en a
roit eſté faite que depuis le deux Juillet juſques au vingt-huit
ſuivant, comme auſſi ordonner que ledit Fauconnet ſeroit tenu
ſe charger des anciennes lettres de change procedans de la recep
generale qui ont eſté proteſtées faiſant partie des effets trouv
ſous le ſcellé, & condamner ledit Fauconnet en ſes dommage
intereſts & dépens, au bas de laquelle Requeſte eſt l'Ordonnan
de la Cour deuëment ſignifiée le 19. Juillet 1686. par laquelle a
roit eſté donné acte & au ſurplus ſe ſeroit ladite Cour reſervée
faire droit en jugeant. Autre Requeſte dudit Jean-Charles Gru
dudit jour 19. Juillet 1686. tendante à ce qu'il pluſt à ladite Co
ordonner que l'Arreſt contradictoire du deux dudit mois de Juill
ſeroit executé, ce faiſant que les deux regiſtres repreſentez par
dit Fauconnet, demeureroient joints au procés d'entre les parti
enſemble les pieces mentionnées en ladite Requeſte pour en j
geant y avoir tel égard que de raiſon, ſans préjudice d'ordonn
une communication plus ample du regiſtre dudit Dumouſtier
ſe trouvoit abſolument neceſſaire pour la verification des prote
des lettres de change qui auroient produit la valeur & le conte
du premier recepiſſé du 30. Juin 1685. lequel fait partie de ceux
compoſent la recepte du compte en queſtion, enſemble des re
ſtres dudit Palerne qui ſont abſolument neceſſaires pour l'écla
ciſſement entier deſdits 130000 livres, & de celuy de 24000 liv

au bas de laquelle Requeſte ladite Cour ſe ſeroit reſervée à faire droit en jugeant par ſon Ordonnance ſignifiée ledit jour 19. Juillet 1686. Requeſte dudit Fauconnet & ſes Cautions du 29. dudit mois de Juillet employée pour réponſes aux deux Requeſtes dudit Gruſlé du 19. deſdits mois & an. Requeſte dudit Jean-Charles Gruſlé du 27. Aouſt audit an 1686. tendante à ce qu'il pluſt à la Cour *attendu qu'il n'eſtoit point juſte que ledit Fauconnet tiraſt avantage des fauſſetez & antidates qui auroient eſté faites pour faire perir ledit Gruſlé, lequel avoit déja l'avantage qu'une partie deſdites fauſſetez eſtoient conſtante par la reconnoiſſance propre de ſes Parties, &* comme neanmoins la verité demeure toûjours pour les actes juſqu'à ce qu'ils ayent eſté attaquez par la voye legitime de l'inſcription en faux, ledit Gruſlé eſtant obligé de ne rien negliger pour une affaire auſſi importante, luy donner acte de ce qu'il s'inſcrivoit en faux contre le billet dudit ſieur Clerx du 26. Juillet 1685. endoſſé de l'ordre & ſignature de Simon Gruſlé du 27. dudit mois, tant contre leſdites dates des 26. & 27. Juillet que contre la cauſe & ſomme portée audit billet, contre le recepiſſé de Palerne dudit jour 27. Juillet tant en la cauſe dudit recepiſſé qui n'eſtoit point pour lettres de change qui auroient eſté mal priſes dans le Bureau & qui ſe montoient à plus grandes ſommes qu'en la date dudit recepiſſé, & contre le billet dudit Simon Gruſlé du 27. Juillet 1685. de la ſomme de 17196 livres 10 ſols, enſemble contre la rature fauſſement appoſée ſur le chiffre de la partie de 130000 livres eſtant couchée à l'article 12. du dernier folio recto du regiſtre de la dépenſe dudit Jean-Charles Gruſlé, & contre ces mots de compte fait à deux millions tant de mil livres mis au deſſus de la ſignature dudit Jean Charles Gruſlé dans la derniere page de ſon livre de recepte, aux offres de donner ſes moyens de faux dans le delay de l'Ordonnance, au bas de laquelle Requeſte eſt l'Ordonnance de la Cour dudit jour 27. Aouſt 1686. portant que les Parties en viendroient au lendemain à ſept heures preciſes du matin heure du Bureau, avec les Gens du Roy & ſans retardation. Arreſt de la Cour du 29. dudit mois d'Aouſt par lequel ladite Cour auroit joint la ſuſdite Requeſte au procés pour en jugeant y avoir tel égard que de raiſon. Requeſte dudit Jean-Charles Gruſlé dudit jour 29. Aouſt 1686. tendante à ce qu'il pluſt à la Cour attendu que les regiſtres dudit Gruſlé, & celuy tenu par ledit Dumouſtier Commis de Palerne avoient eſté produits au procés, & eſtoient és mains du Conſeiller-Rapporteur, ordonner que l'eſtat produit par ledit Gruſlé contenant les lettres de change non écheües ſeroit verifié ſur leſdits regiſtres en preſence dudit Conſeiller-Rapporteur, & que dans tel temps qu'il plairoit à ladite Cour ledit Palerne ſeroit tenu de prendre communication dudit eſtat, & de cotter s'il y eſtoit employé des parties non compriſes

Regiſtres de Gruſlé
produits.

dans ſon recepiſſé, & qui n'euſſent pas eſté par luy receües ou
ſes Commis entre les mains deſquels il auroit mis leſdits billets
lettres de change, pour le procés verbal qui ſeroit dreſſé de lad
verification ſervir à la juſtification dudit eſtat; comme auſſi ordo
ner que ledit Pelerne ſeroit tenu de reconnoiſtre dans le jour
mots qu'il auroit mis en teſte des recepiſſez ou billets à tenir con
pte donnez au Suppliant, portant en lettres ou moitié en lettr
comme eſtant écrits de ſa main, ſinon qu'il ſeroit procedé à la v
rification de ladite écriture en la maniere accoûtumée, au bas
laquelle Requeſte eſt l'Ordonnance de la Cour dudit jour 29. Aoû
1686. portant que les Parties en viendroient ledit jour à dix heu
preciſes du matin ſans retardation. Arreſt contradictoire de lad
Cour du 30. Aouſt 1686. par lequel ladite Requeſte auroit eſté joi
te au procés pour en jugeant y avoir tel égard & eſtre fait dr
ainſi que de raiſon. Signification faite dudit Arreſt le 2. Septemb

audit an 1686. Requeſte preſentée à la Cour par ledit Jean-Char
Gruſlé ledit jour tendante à ce qu'il luy pleuſt le recevoir appella
en adherant à ſes premieres appellations de ladite Sentence du
Avril 1686. en ce que par icelle ſur l'accuſation *qui avoit eſté inte*
tée contre ledit Palerne les Parties auroient eſté miſes hors de Co
faiſant droit au principal adjuger contre ledit Palerne, les concluſi
des Requeſtes preſentées contre luy, & que ledit Gruſlé luy aur
fait ſignifier le 2. Septembre 1686. & en conſequence faute par
dit Palerne d'avoir fait eſtat des billets & lettres de change
vant la lettre miſſive dudit Gruſlé qui eſtoient dans ſon Bureau
d'avoir repreſenté le bordereau qu'il avoit fait deſdits billets &
tres de change, & attendu ſa declaration de l'avoir déchiré &
denegation de n'avoir aucuns regiſtres portée par ſes interroga
res, le condamner d'acquiter le debet demandé par ledit Fauc
net ou en tout cas que ledit Gruſlé ſeroit receu à compter avec
tant ſur ſes regiſtres que ſur ceux dudit Palerne, au bas de laqu
Requeſte la Cour ſe ſeroit reſervée à faire droit en jugeant, &
donné qu'elle ſeroit miſe au ſac. Requeſte preſentée à la Cour

ledit Jean Fauconnet & ſes Cautions le 20. May 1686. tendan
à ce qu'il pleuſt à ladite Cour les recevoir appellans de ladite S
tence du troiſiéme Avril audit an, en ce que par icelle on au
ſurcis au jugement du procés à l'égard dudit Simon Gruſlé
qu'aprés l'execution de ladite Sentence, tenir ledit appel pour
relevé, ordonner que ſur iceluy les Parties procederoient e
Cour en la maniere accoûtumée, leur donner acte de ce que p
moyens de nullité contre ladite Sentence ils employoient le co
nu en ladite Requeſte avec ce qu'ils avoient écrit & produi
Chaſtelet, *Ce faiſant procedant au jugement du procés dire qu'il*
eſté maljugé, bien appellé, emendant & corrigeant declarer ledit S

G

2. Septembre 1686. Appel incident de Gruſlé au chef concernant Palerne.

20. May 1686. Appel incident de Fauconnet au chef de Simon Gruſlé.

*Gruflé atteint & convaincu d'eftre complice & fauteur de la faillite &
divertiffement frauduleux des deniers de la Ferme faits par ledit Jean-
Charles Gruflé*, ce faifant le condamner folidairement & par corps
à reftituer audit Fauconnet & fes Cautions la fomme de 563207 livres avec 30000 livres de reparation civile & aux dépens tant des
caufes principales que d'appel, au bas de laquelle Requefte eft l'Ordonnance de la Cour dudit jour 20. May 1686. par laquelle elle
auroit donné acte & ordonné qu'elle feroit fignifiée, & au furplus
fe feroit refervée à faire droit en jugeant Signification faite d'icelle
lefdits jour & an ; Requefte dudit Simon Gruflé banquier à Paris
du 20. Juillet 1686. tendante à ce qu'il pleuft à la Cour le recevoir
appellant de ladite Sentence du Chaftelet du 3. Avril 1686. *en ce
que par icelle auroit efté furcis à l'égard dudit Simon Gruflé, & qu'il
n'auroit pas efté déchargé de l'accufation & complicité contre luy inten-
tée par ledit Fauconnet*, luy donner acte de ce que pour griefs &
moyens d'appel, & pour réponfes à celuy dudit Fauconnet il employoit le contenu en fadite Requefte, & en confequence le décharger de l'accufation dudit Fauconnet & fes Cautions avec dépens, dommages & interefts, & luy adjuger les conclufions qu'il
auroit prifes en caufe principale par fa Requefte du 10. Mars 1686.
au bas eft l'Ordonnance de la Cour portant ait acte & au furplus en
jugeant & foit fignifié & la fignification faite ledit jour 20. Juillet
1686. Requefte préfentée à la Cour par lefdits Fauconnet & fes Cautions le 12. Juin 1686. tendante à ce qu'ils fuffent receus appellans
de ladite Sentence du troifiéme Avril dernier, *en ce que par icelle ledit Lambert Clerx auroit efté renvoyé abfous de l'accufation contre luy
formée*, tenir ledit appel pour bien relevé, ordonner que fur iceluy
les parties procederoient en la Cour en la maniere accoûtumée,
donner acte aux Supplians de ce que pour moyens de nullité contre
ladite Sentence ils employoient le contenu en ladite requefte avec
ce qu'ils avoient écrit & produit au Chaftelet, ce faifant procedant
au jugement du procés dire qu'il avoit efté mal jugé bien appellé,
*émendant declarer ledit fieur Clerx complice & fauteur de la faillite
dudit Gruflé & des divertiffemens frauduleux par luy faits des deniers
de la Caiffe, & en confequence le condamner folidairement & par corps
à reftituer aux Supplians* la fomme de 563207 livres divertie par ledit Gruflé en 30000 livres de reparations & aux dépens tant des
caufes principales que d'appel, au bas de laquelle eft l'Ordonnance
de la Cour portant ait acte & au furplus en jugeant & foit fignifié
& la fignification dudit jour 12. Juin 1686. Requefte dudit Fauconnet & fes Cautions préfentée en la Cour le 18. May 1686. tendante
à ce qu'il luy pluft les *recevoir appellans de ladite Sentence du Chaftelet du troifième Avril dernier en ce qu'elle auroit déchargé ledit Claude
Noifet* Agent de Change & de Banque à Paris, tenir l'appel pour

20. Juillet 1686. Ap-
pel de Simon Gruf-
lé.

12. Juin 1686. Au-
tre appel incident
de Fauconnet con-
tre le fieur Clerx.

18. May 1686. Ap-
pel incident de Fau-
connet contre Noi-
fet.

G

bien relevé , ordonner que fur iceluy les parties procederoi[ent]
en la Cour en la maniere accoûtumée, leur donner acte de ce q[ue]
pour moyens de nullité contre ladite Sentence, ils employoient[t]
contenu en ladite Requeste avec ce qu'ils avoient dit , écrit [&]
produit au Chastelet, ce faifant procedant au jugement du pr[o]-
cés dire qu'il auroit esté mal jugé bien appellé, *émendant & co[r]-*
rigeant declarer ledit Noiset atteint & convaincu d'estre complice [&]
fauteur de la faillite & divertissement frauduleux des deniers de [la]
Ferme faits par ledit Jean-Charles Gruslé, ce faifant le condamn[er]
folidairement & par corps à restituer aux Supplians la fomme d[e]
563207 livres avec 30000 livres de reparation civile & aux dépe[ns]
tant des caufes principales que d'appel, au bas de laquelle Requeste est l'Ordonnance de ladite Cour portant ait acte & au furpl[us]
en jugeant & foit fignifié & la fignification dudit jour 18. Ma[y]

19. Juillet 1686. Ap-
pel de Noiset.

1686. Requeste dudit Claude Noiset du 19. Juillet audit an 1686.
tendante à ce qu'il plust à la Cour le recevoir appellant de ladit[e]
Sentence du Chastelet de Paris du troifiéme Avril dernier , en c[e]
qu'elle n'auroit adjugé audit Noiset que 300 livres de dommag[es]
& interefts, ce faifant mettre l'appellation, & ce au neant en c[e]
chef feulement, *émendant & corrigeant, condamner ledit Fauconn[et]*
& fes Cautions folidairement en tous fes dommages & interefts, fuivant la demande qu'il en auroit faite au Chastelet, & en tous le[s]
dépens des caufes principales & d'appel, au bas de laquelle Requeste est l'Ordonnance de la Cour par laquelle elle fe feroit referv[ée]
à faire droit en jugeant & la fignification qui en auroit esté fait[e]

17. May 1686. Ap-
pel de Fauconnet
contre Lequin.

ledit ledit jour 19. Juillet 1686. Requeste prefentée à la Cour pa[r]
ledit Fauconnet & fes Cautions le 17. May 1686. *tendante à ce qu'il*
pleust à ladite Cour recevoir les Supplians appellans de ladite Senten[ce]
du 3. Avril 1686. en ce qu'elle auroit adjugé audit Denis Lequi[n]
Confeiller du Roy Notaire-Gardenotes au Chastelet de Paris 300.
livres de dommages & interefts, tenir ledit appel pour bien relev[é,]
ordonner que fur iceluy les Parties procederoient en la manier[e]
accoûtumée & leur donner acte de ce que pour moyens de nullit[é]
contre ladite Sentence, ils employoient le contenu en ladite Requeste, & ce qu'ils avoient dit , écrit & produit audit Chastelet[,]
ce faifant procedant au jugement du procés , dire qu'il auroi[t]
esté mal jugé, bien appellé, *émendant & corrigeant, décharger le[s]*
Supplians de ladite condamnation de dommages & interefts , & con[-]
damner ledit Lequin aux dépens , tant des caufes principales qu[e]
d'appel, au pied de laquelle Requeste est l'Ordonnance de l[a]
Cour portant ait acte , & au furplus en jugeant & foit fignifi[é,]
& la fignification qui en auroit esté faite ledit jour 17. May 1686.

24. May 1686. Ap-
pel de Lequin.

Requeste dudit Denis Lequin du 24. May 1686. tendante à c[e]
qu'il plust à ladite Cour le recevoir appellant de ladite Sentenc[e]

du 3. Avril dernier, en ce qu'elle ne luy auroit adjugé que 300 livres de dommages & interefts , & employée pour moyens de nullité & d'appel , & réponfes à celle du 17. dudit mois de May avec les trois par luy fournies au procés les 7. Fevrier, 23. Mars & premier Avril 1686. ce faifant procedant au jugement du procés entant que touche l'appel dudit Lequin , mettre l'appellation & ce dont a efté appellé au neant , émendant & corrigeant Ordonner que ledit Lequin auroit 40000 livres de reparation, dommages & interefts fuivant la demande qu'il en avoit faite au Chaftelet, & en confequence declarer ledit Fauconnet fans griefs en fon appel, & le condamner en l'amende & aux dépens, au bas de laquelle Requefte eft l'Ordonnance de la Cour , portant ait acte, & au furplus en jugeant foit fignifié, & la fignification qui en auroit efté faite ledit jour 24. May dernier. Requefte prefentée à la Cour par ledit Fauconnet & fes Cautions le 20 May 1686. tendante à ce qu'il pluft à ladite Cour recevoir les Supplians appellans de ladite Sentence du 3 Avril dernier, *en ce que par icelle auroit efté furcis au jugement du procés à l'égard de Maiftre Iean Cherouvrier fieur Defgraffieres cy-devant Intereffé aux Baux des Fermes generales du Roy* adjugées à Claude Boutet & audit Fauconnet jufques aprés l'execution de la Sentence renduë contre ledit Jean-Charles Gruflé, tenir ledit appel pour bien relevé, ordonner que fur iceluy les parties procederoient en la Cour en la maniere accoûtumée, donner acte aux Supplians de ce que pour moyens de nullité contre ladite Sentence, ils employoient le contenu en ladite Requefte avec ce qu'ils avoient écrit & produit au Chaftelet, ce faifant dire qu'il auroit efté mal jugé , bien appellé , *émendant & corrigeant, declarer ledit Defgraffieres atteint & convaincu d'eftre complice & fauteur de la fallite & divertiffemens frauduleux des deniers de la Ferme faits par ledit Gruflé,* ce faifant le condamner folidairement & par corps à reftituer aux Supplians la fomme de 563207 livres avec 30000 livres de reparation civile & aux dépens, tant des caufes principales que d'appel, au bas de laquelle Requefte eft l'Ordonnance de la Cour , par laquelle elle auroit donné acte, & au furplus fe feroit refervé à faire droit en jugeant , & ordonné qu'elle feroit fignifiée , Et enfuite la fignification faite d'icelle ledit jour 20 May dernier au domicile dudit Defgraffieres. Requefte dudit Jean Cherouvrier fieur Defgraffieres du premier Juillet 1686 employée pour moyens de nullité contre ladite Sentence du Chaftelet du 3. Avril dernier , avec ce qu'il auroit écrit & produit audit Chaftelet, & tendante à ce qu'il pluft à la Cour en procedant au jugement du procés mettre l'appellation & Sentence à l'égard du Suppliant au neant, émendant & corrigeant renvoyer ledit Defgraffieres quitte & abfous de l'accufa-

20. May 1686. Appel de la Sentence au chef concernant le fieur Defgraffieres.

Premier Juillet 1686. Appel du fieur Defgraffieres.

tion contre luy formée, avec reparation, dommages, intere
& dépens, luy faire main-levée des saisies sur luy faites aussi av
dommages, interests & dépens, au bas de laquelle Requeste
l'Ordonnance de la Cour portant ait acte, & au surplus en ju
geant & soit signifié sans retardation du jugement du procés,
la signification estant ensuite dudit jour premier Juillet 1686 Requê
ste presentée à la Cour par ledit Fauconnet & ses Cautions le 1
May 1686. tendante à ce qu'il luy plust les recevoir appellans
ladite Sentence du 3. Avril dernier *en ce qu'elle auroit renvoyé led*
François Remond sieur de Breviande l'un des Interressez aux Baux de
Fermes unies du Roy sous les noms desdits Boutet & Fauconnet absou
avec dommages & interests tels que de raison, tenir l'appel pour bien
relevé, ordonner que sur iceluy les parties procederoient en l
Cour en la maniere accoûtumée leur donner acte de ce que po
moyens de nullité contre ladite Sentence, ils employoient le co
tenu en ladite Requeste, & celles qu'ils avoient fournies au Châ
telet, ce faisant dire qu'il avoit esté mal jugé, bien appell
émendant décharger lesdits Fauconnet & ses Cautions des condamnati
portées par ladite Sentence, & condamner ledit sieur Remond aux dé
pens, tant des causes principales que d'appel, *le tout sans prejud*
dice de l'Instance pendante au Conseil, au bas de laquelle Reque
est l'Ordonnance de la Cour, portant ait acte & au surplus e
jugeant, & soit signifié, & ensuite la signification qui en aur
esté faite audit sieur Remond en son domicile ledit jour 17. M
1686. Requeste dudit sieur Remond du 28. Juin ensuivant e
ployée avec ses productions & pieces y énoncées pour répon
à celle dudit Fauconnet & ses Cautions du 17 dudit mois de Ma
& tendante à qu'il plust à la Cour mettre l'appellation au nean
ordonner que ce dont estoit appel sortiroit effet, & condamn
les appellans en l'amende & aux dépens de l'Instance d'appel,
bas de laquelle Requeste est l'Ordonnance de la Cour, portant
acte; & au surplus en jugeant, & soit signifié sans retardatio
du jugement du procés, Et ensuite la signification qui en a e
faite ledit jour 28. Juin 1686. Requeste desdits Fauconnet & Cau
tions deuëment signifiée le 6. Juillet audit an 1686. employée po
réponses à celle dudit sieur Remond du 28. Juin precedent,
pour contredits contre les pieces y énoncées. Requeste dudit sie
Remond signifiée le 10. Juillet dernier employée pour réponse
celle dudit Fauconnet du 6. dudit mois. Requeste dudit Fauco
net & ses Cautions du 20. dudit mois de Juillet audit an 16 8
aussi employée pour réponses à celle dudit sieur Remond du
jour 10. du mesme mois de Juillet dernier. VEU aussi les aut
pieces, tiltres & productions desdites parties. Interrogatoires d
dit Jean-Charles Gruslé sur la selette, ceux desdits Marie de
Cou

Cour, Simon Gruflé, Claude Noiſet, Lambert Clerx, Denis Lequin, Jean Cherouvrier, *& François Remond derriere le Barreau:* Oüy le rapport de Me Antoine le Fevre de la Malmaiſon Conſeiller; Tout conſideré, LA COUR ſans s'arreſter aux Requeſtes dudit Jean-Charles Gruflé des 12. Fevrier, 26. Juin, 19. Juillet, 27. & 29. Aouſt & 2. Septembre dernier, entant que touche l'appel interjetté par ledit Jean-Charles Gruflé, a mis & met l'appellation & Sentence dont a eſté appellé au neant, émendant pour les cas reſultans du procés, l'a condamné & condamne faire amende honorable l'Audience tenante, & au devant de la principale porte du Bureau general des Fermes Royales, & là eſtant nud en chemiſe, la corde au col, ayant en ſes mains une torche ardente du poids de deux livres, dire & declarer que temerairement & comme mal-aviſé, *Il a commis les abus, malverſations & divertiſſemens des deniers deſdites Fermes Royales,* dont il ſe repent & en demande pardon à Dieu, au Roy & à Juſtice, ce fait l'a banny a perpetuité du Royaume, luy enjoint de garder ſon ban aux peines pottées par la Declaration du Roy, a declaré & declare ſes biens acquis & confiſquez audit Seigneur Roy ou à qui il appartiendra ſur iceux & autres non ſujets à confiſcation préalablement pris la ſomme de 3000 livres d'amende envers ledit Seigneur Roy, & celle de 547207 livres à laquelle s'eſt trouvé monter le divertiſſement par luy fait des deniers deſdites Fermes Royales, au payement deſquelles ſommes elle l'a condamné & condamne, & en 10000 livres de dommages & intereſts envers ledit Fauconnet & ſes Cautions, & en conſequence ſans s'arreſter à l'intervention & demande dudit Nicolas Matigny, dont elle l'a débouté avec dépens, ordonne que toutes les lettres de change, billets & effets trouvez dans le Bureau dudit Gruflé ſous le ſcellé appoſé par le Commiſſaire Huot, & mentionnez en ſon procés verbal du 31. Juillet 1685 & jours ſuivans, ſeront mis és mains dudit Fauconnet & ſes Cautions pour en pourſuivre le recouvrement ainſi qu'ils aviſeront bon eſtre, & lés deniers en provenans eſtre par eux touchez ſur & en déduction deſdits 547207 livres, & l'a condamné aux dépens tant des cauſes principales que d'appel, & cependant que ledit Jean-Charles Gruflé tiendra priſon juſques à ce que ladite ſomme de 547207 livres ait eſté payée, & faiſant droit ſur les appellations reſpectives dudit Fauconnet & de Simon Gruflé, ayant aucunement égard aux Requeſtes des 10. Mars & 20. Juillet dernier, a mis & met les appellations & Sentence dont a eſté appellé au neant, émendant a condamné & condamne ledit Simon Gruflé de payer audit Fauconnet & ſes Cautions en ſon propre & privé nom la ſomme de 215000 livres ſur & en déduction de la ſuſdite ſomme de 547207 livres, à ce faire contraint par toutes voyes deües & raiſonnables,

H

mesme par corps, pour ce fait les quatre billets signez Tallon le
9. Decembre 1681. 2. & 8. Janvier 1682. montant à 71066 livres
sols & les seize billets du 22. Octobre 1685. montans à 25000 liv
signez dudit Simon Gruslé luy estre rendus, ordonne que cin
lettres de change en date du 22. Septembre 1683. signez Langlo
montans à la somme de 5329 livres 16 sols seront remises entre l
mains dudit Fauconnet & ses Cautions pour en poursuivre le re
couvrement sur-&-tant-moins de ladite somme de 547207 livres,
débouté & déboute ledit Simon Gruslé du surplus de ses dema
des, & l'a condamné aux dépens, faisant droit sur l'appel de la
dite Marie de la Cour, a mis & met l'appellation & Sentence do
a esté appellé au neant, émendant a mis & met sur l'extraord
naire les Parties hors de Cour & de procés, dépens compensé
Ordonne que la main levée provisoire des meubles à elle appar
tenans demeurera diffinitive; & à l'égard dudit Jean Cherouvri
sieur Desgrassieres sans s'arrester à ses Requestes des 10 Juin, pre
mier Juillet, 29 Aoust aussi dernier, Intervention & demandes d
ses creanciers portées par leur Requeste du
a mis & met les appellations respectives & Sentence dont a est
appellé au neant, émendant a condamné & condamne ledit Ch
rouvrier pour les cas resultans du procés à estre mandé en la Cham
bre pour derriere le Barreau estre admonesté, & là condamné e
trois cens livres d'aumône applicable au pain des prisonniers de l

Conciergerie du Palais, & en consequence l'a declaré debiteur d
la Caisse dudit Jean-Charles Gruslé de la somme de 98400 livre
restante de celle de 147600 livres, & l'a condamné payer ladit
somme audit Fauconnet & ses Cautions par privilege & preferen-
ce à sesdits creanciers, à ce faire contraint par toutes voyes deuë
& raisonnables, mesme par corps, ordonne en outre que le tier
adjugé par Arrest du Parlement audit Peclavé & autres resté entre les mains des Directeurs des creanciers dudit Jean Cherouvrier; sera pareillement donné audit Fauconnet & ses Cautions,
quoy faisant le debet dudit Gruslé de ladite somme de 547207 li
vres demeurera d'autant diminué, & lesdits Directeurs quittes &
déchargez, & aux dépens à cet égard, Et faisant droit sur l'appel
dudit Lequin contre ledit Nicolas Matigny a mis & met l'appel
lation au neant, & a debouté ledit Lequin de sa demande con
tre ledit Matigny avec dépens à cet égard, Et faisant droit su
l'appel dudit Lequin contre Fauconnet, a mis & met l'appellatio
& Sentence dont a esté appellé au neant, émendant a condamn
& condamne Fauconnet & ses Cautions aux dommages & inte
rests dudit Lequin que ladite Cour a liquidé à 500 livres, & e
consequence a mis & met sur l'appel dudit Fauconnet les partie
hors de Cour & de procés, & l'a condamné en douze livres d'a

mende & aux dépens , tant des caufes principales que d'appel à
cet égard , a mis & met fur les appellations refpectives defdits
Claude Noifet & Fauconnet les parties hors de Cour & de procés,
dépens de la caufe d'appel compenfez , Et neanmoins les a condamnez chacun en l'amende ordinaire de douze livres , Et faifant
droit fur l'appel dudit Fauconnet à l'égard de Lambert Clerx , a
mis & met l'appellation au neant ordonne que la Sentence dont
eft appel fortira fon plein & entier effet , condamne ledit Fauconnet en l'amende de douze livres & aux dépens, Et faifant droit
fur l'appel dudit Fauconnet *à l'égard de François Remond , a mis* La Sentence confir-
& met l'appellation au neant , ordonne que la Sentence dont eft appel mée à l'égard du
fortira fon plein & entier effet , condamne ledit Fauconnet en l'a- fieur Remond avec
mende de douze livres & aux dépens à cet égard , & neanmoins amende & dépens.
a liquidé & liquide les dommages & interefts adjugez par ladite Sen-
tence audit Remond à la fomme de trois mil livres , au payement
de laquelle ledit Fauconnet & fes Cautions feront contraints par toutes
voyes deuës & raifonnables fuivant les Arrefts & Reglemens d'icel-
le , ordonne que les mots injurieux inferez dans les Requeftes contre les Cautions dudit Fauconnet demeureront fupprimez. Fait à
Paris en la premiere Chambre de ladite Cour des Aydes le troifiéme
Septembre 1686. Signé par Collation, T R U C H O T.

*Signifié & baillé copie à M. de Montenay Procureur dudit Faucon-
net le xxiij. Septembre 1686.*